LA TRAVESÍA HACIA TU VERDADERO SER

ESTRATEGIAS DE VIDA Y FE

INGRID ESTRADA

Agradecimientos

Escribir este libro ha sido un viaje profundo de reflexión, sanación y gratitud. No puedo comenzar sin reconocer a las personas que han sido los pilares de mi vida, inspirándome a ser valiente, a no rendirme frente a los obstáculos y a abrazar cada experiencia como una oportunidad para crecer.

Agradezco:

Primero, a Dios todopoderoso por estar siempre a mi lado en todo momento, a Él le debo todo.

A mi mami Odilia, quien me enseñó con su ejemplo lo que significa ser valiente y enfrentar la vida con determinación. Tus lecciones de fortaleza son un legado invaluable en mi vida.

A mi papá y a mi mamá Lucy, quienes, a través de cada experiencia que compartimos, me moldearon para ser la mujer que soy hoy. Su influencia ha sido una fuerza constante de amor y aprendizaje.

A mis tres hijos, mi mayor orgullo y el centro de mi vida:

A mi hija mayor Jasmine, mi ángel. Llegaste a mi vida en un momento inesperado, pero con un propósito claro. Me enseñaste mucho sobre ser madre y sobre el amor incondicional. Hoy, me siento bendecida de que me hayas hecho abuelita de dos hermosos nietos y que tu esposo, mi yerno, sea una pieza fundamental de nuestro rompecabezas familiar.

A mi hijo Xavier, mi protector y compañero. Fue un desafío ser madre soltera de un varón, pero Dios me dio la fuerza y sabiduría necesarias

5

para guiarte. La relación que compartimos es un regalo que atesoro profundamente.

A mi hija menor Lauren, una mujer valiente y generosa, hermosa tanto por dentro como por fuera. Tu corazón amoroso y tu valentía me inspiran cada día. Estoy inmensamente orgullosa de los tres.

A mi hermana Yolanda, por su apoyo constante y por ser la mujer fuerte que siempre ha sido para mí.

A mis mentores, quienes han transformado mi vida de maneras extraordinarias:

Pedro y Suzette Adao, del movimiento 100X Movement, quienes me enseñaron a emprender desde el reino y a activar mi espíritu emprendedor.

Dubb Alexander, fundador de School of Kingdom, quien me ayudó a descubrir mi diseño original en Dios a través de su profunda teología del reino.

Joaquín y Cheyenne Andujo, mis mentores en Profetas del Reino. Gracias por enseñarme cómo construir una familia que refleje el cielo en la tierra, como lo dice Mateo 6:10. Su amor, su guía y la hospitalidad de su familia me mostraron cómo el amor de un Padre celestial puede transformar vidas. Su ciudad, Sunray, y la calidez de sus padres, Don Joaquín e Isabel, son un ejemplo que ahora deseo llevar a mi propia familia.

A mis mentores en la comunidad hispana, Alexander Vásquez y Carlos García, de Consul Experience. Ustedes son verdaderos inquebrantables. Cuando le pedí a Dios mentores en el emprendimiento,

Él me llevó a ustedes. Gracias por compartir su experiencia, estructura y sabiduría, que han sido clave en mi camino.

A Julia Winston, mi más sincero agradecimiento por abrirme las puertas para formar parte del increíble equipo de Precision. Tu guía y apoyo no solo me ayudaron a desarrollar mis dones y talentos al más alto nivel en los negocios, sino que también me enseñaste el poder de la colaboración genuina. Fue un privilegio ser parte de un equipo compuesto por mujeres extraordinariamente talentosas, donde logramos grandes cosas para nuestros clientes. En este equipo, no solo trabajamos juntas, sino que nos apoyamos mutuamente, celebrando nuestros dones sin caer en la competencia. Gracias por inspirarme a crecer y por crear un entorno donde el éxito compartido era la verdadera meta.

A todas mis compañeras y amigas, quienes siempre han estado a mi lado, sin importar la distancia. Han sido mi refugio en los momentos más difíciles y mi alegría en los más felices. Su apoyo incondicional significa el mundo para mí. Su amistad ha sido un pilar en mi vida, llenándome de apoyo, amor y momentos inolvidables. Cada una de ustedes ha dejado una huella especial en mi corazón, y valoro inmensamente el vínculo que compartimos. Gracias por estar presentes en mi camino.

A todos ustedes, mi gratitud eterna. Este libro no sería posible sin cada uno de ustedes y el impacto que han tenido en mi vida. Desde lo más profundo de mi corazón, gracias.

Ingrid Estrada

Índice

Prólogo por Alexander Vásquez

Conocí a Ingrid Estrada en uno de los programas de transformación personal organizados por Consul Experience, un espacio que busca guiar a las personas hacia el descubrimiento de su mejor versión. Desde el primer momento, supe que Ingrid no era una participante más. Su presencia irradiaba una mezcla única de humildad, valentía y un profundo deseo de ayudar a otros. Fue en este entorno, rodeados de historias de superación y aprendizaje, donde tuve el privilegio de presenciar la grandeza de su calidad humana y profesional.

Al trabajar con Ingrid, quedé impresionado no solo por su capacidad de conectar con los demás, sino también por su inquebrantable compromiso con el crecimiento personal y la fe. Es evidente que Ingrid es una mujer que no teme enfrentarse a sus propias sombras para salir fortalecida, una virtud que pocas personas poseen.

Hoy, al escribir este prólogo, me siento profundamente honrado de presentar "La travesía hacia tu verdadero ser: Estrategias de vida y fe". Este libro es mucho más que una obra literaria; es un legado de amor, fortaleza y esperanza para todas las mujeres que buscan redescubrirse y abrazar su verdadera esencia.

Ingrid nos lleva de la mano por un viaje que, si bien está cargado de desafíos, también está lleno de aprendizajes transformadores. Desde el primer capítulo, "Desafiando el estancamiento", hasta el último, "Una nueva vida, una nueva tú", cada página refleja no solo su historia personal, sino también las herramientas y estrategias que ha recopilado a lo largo de su propia travesía. En este libro, Ingrid aborda con valentía temas que muchas veces se evitan: el rechazo, el abandono, la autocompasión, el perdón y el poder de los límites. Lo hace desde una perspectiva práctica, pero también profundamente espiritual, recordándonos que la fe es un ancla poderosa en los momentos de tormenta.

"Todas las maravillas que buscas están dentro de tu propio ser", frase célebre de Sir Thomas Browne. Esta cita representa perfectamente la esencia de este libro. Ingrid no intenta ofrecer respuestas rápidas ni soluciones milagrosas. En su lugar, invita a cada mujer a mirar dentro de sí misma, a cuestionar las narrativas que han aceptado como verdades y a construir una vida desde la autenticidad y el amor propio.

Uno de los aspectos más poderosos de esta obra es su enfoque en la responsabilidad personal. Como ella lo explica con sus propias palabras, las mujeres no pueden controlar cómo otros las tratan, pero sí pueden decidir cómo se tratan a sí mismas. Este mensaje, aunque sencillo, es revolucionario. En una sociedad que constantemente nos exige cumplir con expectativas externas, "La travesía hacia tu verdadero ser" nos recuerda a todos que nuestra mayor obligación es hacia nuestra propia alma.

A través de capítulos como "El poder de los límites" y "Camino hacia la autenticidad", enseña que decir "no" no es un acto de egoísmo, sino de amor propio. Muestra que establecer límites saludables es esencial para proteger la energía y cultivar relaciones que nutran el alma de cada mujer. En "Herramientas para la vida", comparte prácticas concretas que cualquier mujer puede implementar para fortalecer su bienestar emocional, espiritual y físico. Estos capítulos son guías prácticas que, combinadas con los relatos personales de Ingrid, crean una experiencia de lectura profundamente transformadora.

Lo que más admiro de ella es su capacidad para transformar el dolor en propósito. No pretende ser perfecta ni tener todas las respuestas. En cambio, se presenta como una mujer real, con cicatrices que cuentan historias de lucha y superación. Es precisamente esta autenticidad lo que hace que su mensaje resuene tan profundamente. En un mundo donde se glorifica la perfección superficial, Ingrid nos recuerda que nuestra verdadera fuerza radica en nuestra vulnerabilidad.

Invito a cada lectora a adentrarse en estas páginas con el corazón abierto. Este libro no es solo para quienes están pasando por momentos difíciles; también es para aquellas que desean crecer, reinventarse y abrazar la guerrera poderosa que siempre han sido. Como Ingrid lo menciona en "El perdón y la autocompasión", el camino hacia la libertad comienza cuando decidimos soltar las cadenas del pasado y mirarnos con los ojos de la gracia.

Para mí, "La travesía hacia tu verdadero ser" no es solo un libro; es una declaración de intenciones, un manifiesto de valor y esperanza. Cada página está impregnada de la pasión de la autora por empoderar a las mujeres, por ayudarlas a descubrir su verdadera esencia y por guiarlas hacia una vida de plenitud y propósito. Estoy convencido de que esta obra impactará profundamente a todas aquellas que tengan el privilegio de leerla.

Ingrid, gracias por compartir tu historia, por tu valentía y por ser una luz en el camino de tantas mujeres. Es un honor ser parte de este proyecto y ser testigo del impacto transformador que estás creando en el mundo.

Con admiración y respeto,

Alexander Vásquez

CEO de Consul Experience

Introducción

En la vida de toda mujer, existe una travesía que a menudo pasa desapercibida, un recorrido interno en la que se enfrenta a retos, heridas y aprendizajes que moldean su verdadero ser. Es un camino sinuoso, a veces doloroso, donde las luchas internas y externas pueden hacernos dudar de nuestro valor, de nuestra capacidad de amar y ser amadas, y de nuestro derecho a una vida plena y satisfactoria. "La travesía hacia tu verdadero ser" es mi contribución para ayudarte a navegar este camino, para que encuentres la fuerza que siempre ha estado dentro de ti y aprendas a valorarte desde adentro hacia afuera.

Mi historia no es diferente de la de muchas mujeres que han experimentado el rechazo, el abandono, y la falta de autoestima. Durante años, soporté el abuso verbal de personas de mi entorno, creyendo en las mentiras que me decían otros de que no valía nada. Sin embargo, esa experiencia, aunque dolorosa, fue el catalizador que me llevó a descubrir mi verdadero valor y a reconstruir mi vida desde los cimientos.

De acuerdo con la National Coalition Against Domestic Violence (NCADV), en los Estados Unidos, 1 de cada 4 mujeres ha experimentado alguna forma de violencia física por parte de una pareja íntima a lo largo de su vida. Este dato alarmante es un reflejo de cómo muchas de nosotras permitimos, consciente o inconscientemente, que otros nos definan, que otros pongan límites en nuestro ser. Pero lo que he aprendido es que, aunque no podemos controlar cómo los demás nos quieran tratar, sí podemos controlar cómo nos tratamos a nosotras mismas y que le podemos permitir a nuestro entorno.

Este libro es una invitación a todas esas mujeres que, como yo, han sentido el peso del abandono, la humillación del rechazo, y la carga de un peso que no nos corresponde. A través de estas páginas, comparto no solo mis experiencias, sino también las lecciones que he aprendido en el proceso de curación. No se trata de buscar culpables, sino de asumir la responsabilidad de nuestro bienestar y de aprender a poner límites saludables que nos protejan y nos permitan florecer.

Entiendo lo fácil que es perderse en las expectativas de los demás, en el rol de esposa, madre, hija, o profesional, y olvidar que, al final del día, la persona más importante en tu vida eres tú. No se trata de egoísmo, sino de reconocer que no podemos dar lo mejor de nosotras mismas si no estamos completas, si no hemos aprendido a amarnos y respetarnos primero. Mi objetivo es que, a través de este libro, descubras la fuerza y el valor que ya posees, y que aprendas a diferenciar entre lo que haces y quién eres.

He llegado a comprender que mi identidad no está ligada a mi negocio, a mis relaciones, o a las opiniones de los demás. Mi valor es intrínseco, y lo mismo aplica para ti. Tu talento y tus dones te abrirán puertas, pero lo que realmente te mantendrá en pie será tu integridad, tu honestidad, y tu lealtad hacia ti misma. Esos valores son los que realmente cuentan cuando se trata de diseñar una vida que valga la pena vivir.

En este viaje hacia tu verdadero ser, no permitas que los desafíos y las caídas te hagan perder de vista tu destino. Cada obstáculo superado es una lección que te acerca un paso más a la mujer que estás destinada a ser. Quiero que este contenido sea una luz en tu camino, una guía para que puedas aprender de mis errores y, sobre todo, para que evites caer en las mismas trampas en las que yo caí. Recuerda siempre que eres valiosa, que no necesitas la aprobación de nadie para saber lo que vales, y que dentro de ti reside una fuerza capaz de superar cualquier adversidad.

"La travesía hacia tu verdadero ser" es más que una guía; es un llamado a todas las mujeres para que se levanten, se valoren, y no permitan que las circunstancias las definan. Es hora de que tomes las riendas de tu vida y te conviertas en la mujer que siempre has estado destinada a ser. Estoy aquí para caminar contigo en este proceso, porque si yo pude, tú también puedes.

Ingrid Estrada

Capítulo 1: Rompiendo límites

"Solo imagina lo precioso que puede ser arriesgarse y que todo salga bien".

Mario Benedetti

¿Qué es lo que realmente nos impide salir de nuestra zona de confort? ¿Por qué, aun sabiendo que algo no nos hace felices o no es saludable, seguimos atrapados en el mismo lugar, repitiendo los mismos patrones? La respuesta a estas preguntas es más compleja de lo que parece, y la ciencia ha dedicado años a entender este fenómeno.

Un estudio realizado por el Journal of Personality and Social Psychology en 2010 reveló que las personas tienden a quedarse en situaciones conocidas, aunque sean desagradables, debido a un sesgo cognitivo llamado "aversión a la pérdida". Este sesgo nos hace sobrevalorar lo que ya poseemos, incluidas nuestras experiencias actuales, por encima de los posibles beneficios de un cambio, ya que tememos más lo que podríamos perder que lo que podríamos ganar. En otras palabras, el cerebro humano está programado para evitar la incertidumbre, aun cuando esa incertidumbre pueda ser el camino hacia algo mejor.

En un experimento conducido por el profesor Daniel Gilbert, psicólogo de la Universidad de Harvard, se pidió a los participantes que eligieran entre quedarse con una opción segura o arriesgarse por algo incierto, pero con mayores probabilidades de mejora. Sorprendentemente, la mayoría prefirió quedarse con la opción conocida, a pesar de que la opción arriesgada ofrecía una recompensa mucho mayor. Este fenómeno no se limita solo a las decisiones financieras o laborales; también ocurre en la vida emocional y personal. Nos aferramos a relaciones tóxicas, hábitos insalubres o trabajos insatisfactorios, simplemente porque el cambio nos produce miedo.

"Desafiar el estancamiento es reconocer tu fuerza interior, romper las cadenas del miedo y abrirte a nuevas posibilidades. "

Ingrid Estrada

Un viaje de autodescubrimiento a través de las heridas del pasado

Durante gran parte de mi vida, me preguntaba por qué cometía ciertos errores en mis decisiones, especialmente en la forma en que me veía a mí misma. No entendía que el origen de muchos de esos errores se remontaba a un momento específico de mi infancia que me marcó profundamente. Recuerdo con total claridad el día en que mi padre me dijo que ya no podría vivir con mi mamá. Fue un día lluvioso, gris y triste, y desde ese momento supe que algo dentro de mí había cambiado. Estaba sentada en una camioneta blanca, observando la lluvia caer por la ventana, cuando le comenté a mi papá que el día se veía feo. Su respuesta fue inmediata: "No, hija, todos los días son bonitos, incluso los lluviosos". Sin embargo, no pude evitar sentir que ese día algo dentro de mí se rompía.

Esa sensación de ruptura interna se quedó conmigo durante años, convirtiéndose en un enojo profundo que, aunque no lo admitía, influenciaba todas mis decisiones. Me aferré a esa herida, dejándola crecer y tomar forma en mi vida adulta, afectando la manera en que me relacionaba conmigo misma y con los demás.

Este patrón de autoabandono y conformismo me acompañó a lo largo de los años, desde la adolescencia hasta bien entrada la adultez. Cada década de mi vida estuvo marcada por la repetición del mismo ciclo: la búsqueda desesperada de amor y una incapacidad total para establecer límites saludables.

A pesar de tener títulos y ocupar roles importantes, como el de ministra en mi iglesia, seguía sin comprender mi verdadero valor. Me convertí en una experta en camuflarme, en adaptarme a lo que otros esperaban de mí. Era como un camaleón, ajustándome a las expectativas ajenas, usando una máscara que ocultaba mi verdadera identidad. Mi vida era una actuación continua, intentando encajar en moldes que no me pertenecían. Aquellos a mi alrededor, incluidos familiares y amigos, parecían tener siempre una opinión sobre quién debía ser, y yo seguía sus sugerencias, perdiendo de vista quién era en realidad. Dejé que otros dictaran mi identidad porque no tenía la seguridad ni la fuerza interna para resistir o cuestionar.

No fue hasta muchos años después, en la tranquilidad de mi hogar, que experimenté algo que cambió mi perspectiva para siempre. En medio de ese caos interno, sentí por primera vez el amor verdadero de mi Creador. Fue un amor que me llenó completamente, ofreciéndome una seguridad y una confianza que había estado buscando desde aquella conversación con mi padre. Durante toda mi vida, busqué ese amor en otras personas. Solo cuando conecté con mi Creador, entendí que el amor que buscaba no podía provenir de los demás, sino de esa fuente superior y de mí misma.

A partir de ese momento, comencé a aprender a amarme. Fue un proceso largo y doloroso, pero necesario. Me di cuenta de que mi valor no dependía de lo que otros pensaran de mí, ni de las expectativas que me impusieran. Aceptar mi valor significaba también aprender a establecer límites claros y saludables, algo que nunca antes había hecho. Entendí que no debía dejar que otros me calificaran, que mi identidad era mía y solo yo podía definirla.

Cómo el pasado bloqueó mi crecimiento personal y profesional

Todas esas experiencias no solo moldearon la manera en que me relacionaba con los demás, sino también cómo veía mi propio potencial. Al no conocer mi verdadero valor, desarrollé una mentalidad de estancamiento que afectó profundamente tanto mi evolución personal como profesional. Este tipo de mentalidad se caracteriza por la creencia de que nuestras habilidades y talentos están fijos, que no podemos crecer ni mejorar significativamente, lo cual, en mi caso, estaba alimentado por años de inseguridades y falta de autoestima.

En lugar de verme como alguien capaz de superar los desafíos, me veía limitada por mis circunstancias y atrapada en los patrones que se repetían en mi vida. Cada vez que algo no salía bien, en lugar de buscar soluciones o aprender de las experiencias, me decía a mí misma que eso era lo mejor que podía esperar. Sabía que dentro de mí existía un propósito mayor, algo más grande que simplemente hacer cosas destacadas. Como pionera en mi familia, entendía que tenía la responsabilidad de romper con los patrones heredados de generaciones anteriores. Sin embargo, constantemente dudaba de mi capacidad para avanzar con confianza y creer en mí misma. Cada vez que deseaba emprender algo nuevo, mi mente se llenaba de pensamientos que me hacían sentir insuficiente, como si no fuera lo suficientemente inteligente para lograr grandes cosas. Además, me preocupaba demasiado lo que los demás pudieran pensar de mí, imaginando que dirían: "¿Quién se cree ella para intentar algo así?"

Esos pensamientos no solo me frenaban, sino que me encadenaban, impidiéndome avanzar hacia el futuro que sabía que podía construir. Me convencí de que no tenía la capacidad de aspirar a algo más grande, ni en mi vida personal ni en mi carrera. Esta falta de confianza en mí misma me llevó a conformarme con menos, tanto en mis relaciones como en mi vida profesional.

A nivel personal, esta mentalidad de estancamiento me mantuvo atrapada en ciclos tóxicos. No me atrevía a soñar más allá de lo que conocía, y cada vez que algo parecía desafiante, mi respuesta automática era evitar el conflicto o adaptarme a lo que otros esperaban de mí, sin preguntarme qué quería o necesitaba realmente.

En lo profesional, esta mentalidad también me limitó enormemente. No me veía a mí misma como alguien capaz de liderar o de tomar decisiones importantes. En lugar de abrazar las oportunidades, dudaba de mis capacidades y permitía que el miedo al fracaso me frenara. Incluso cuando tenía éxito, lo atribuía a la suerte o a las circunstancias externas, no a mis propias habilidades.

La falta de una mentalidad de crecimiento me impedía aprender de mis errores o ver los fracasos como oportunidades de mejora. En lugar de pensar que podía mejorar o aprender algo nuevo, me convencía de que había llegado a mi límite, que no había más espacio para crecer. Este estancamiento mental afectó mi habilidad para avanzar en la vida, porque no me permitía asumir nuevos desafíos o explorar nuevas posibilidades. Mi miedo al cambio y mi creencia de que no tenía el control sobre mi propio destino me dejaron atrapada en un ciclo repetitivo de conformismo. Fue entonces cuando comencé a adentrarme en los principios del Reino. Descubrí mi diseño original, ese propósito único con el que Dios me había creado desde el principio.

Fue solo cuando comencé a entender el poder de la mentalidad de crecimiento, que mi vida realmente empezó a cambiar. Me di cuenta de que no estaba condenada a repetir los mismos errores una y otra vez, que mi valor no dependía de lo que otros pensaran de mí, y que siempre había espacio para aprender y mejorar. Entender que mis habilidades y mi autoestima podían desarrollarse con el tiempo me permitió salir de ese ciclo de estancamiento y empezar a tomar decisiones más alineadas con quien realmente soy. A partir de ese momento, mi evolución personal y profesional comenzó a florecer, permitiéndome avanzar con confianza hacia una vida más plena y satisfactoria.

La zona de confort y la neurociencia

La neurociencia también ha arrojado luz sobre el comportamiento de conformismo. El cerebro tiene una región llamada corteza prefrontal, que es la encargada de planificar y tomar decisiones a largo plazo. Sin embargo, también tiene estructuras más primitivas, como la amígdala, responsable de las respuestas automáticas ante el miedo y la ansiedad. Cuando pensamos en salir de nuestra zona de confort, la amígdala se activa y desencadena una respuesta de alerta, lo que genera sensaciones de estrés, miedo y dudas. Esta reacción ocurre incluso si la situación en la que estamos no es ideal. El cerebro, al priorizar la seguridad y lo conocido, prefiere evitar cualquier situación que pueda percibir como una amenaza, incluso si eso significa seguir estancado.

El psicólogo Abraham Maslow, conocido por su teoría de la jerarquía de necesidades, argumentó que una vez que nuestras necesidades básicas están satisfechas, buscamos la seguridad. Esta búsqueda de seguridad puede convertirse en una trampa si no somos conscientes de ella, ya que hace que nos resistamos al cambio y, por ende, al crecimiento personal. Maslow también observó que las personas que alcanzan el nivel de autorrealización son aquellas dispuestas a abandonar esa zona de confort en busca de algo más significativo, a pesar de las dificultades que puedan enfrentar.

En mi caso esto sucedió, a pesar de que no me sentía bien estando dentro de aquellas situaciones, mi temor a salir a enfrentar situaciones nuevas y desconocidas, me hacían aferrarme a aquellos círculos que no me beneficiaban en lo absoluto.

¿Por qué nos quedamos estancados?

Además del miedo al cambio, existen otros factores psicológicos que nos mantienen en la zona de confort. Uno de ellos es la disonancia cognitiva, un concepto desarrollado por el psicólogo Leon Festinger en 1957. Este término se refiere al malestar que sentimos cuando nuestras acciones no coinciden con nuestras creencias o valores. Por ejemplo, si creemos que deberíamos estar persiguiendo una carrera más significativa, pero nos quedamos en un trabajo que no nos satisface, experimentamos disonancia cognitiva. Para aliviar ese malestar, a menudo racionalizamos nuestras decisiones: "Es demasiado tarde para cambiar de carrera", "No encontraré nada mejor", "Al menos tengo un trabajo estable". Estas justificaciones nos protegen temporalmente del estrés del cambio, pero a largo plazo nos mantienen atrapados.

Otro factor es la procrastinación, un comportamiento muy común que muchas veces actúa como un escudo contra el miedo al fracaso. Un estudio de la Universidad de Carleton en Canadá, dirigido por el doctor Timothy Pychyl, encontró que las personas procrastinan no porque sean perezosas, sino como una forma de evitar el estrés emocional asociado con las tareas difíciles o desafiantes. En el contexto de salir de la zona de confort, la procrastinación se convierte en una herramienta de autodefensa: posponemos decisiones importantes porque no queremos enfrentarnos a la incomodidad que genera lo nuevo y lo incierto.

Rompiendo el ciclo

Es importante destacar que salir de la zona de confort no significa dar un salto gigante hacia lo desconocido de una sola vez. En realidad, la ciencia sugiere que la mejor manera de desafiar el estancamiento es a través de pequeños pasos que gradualmente expanden nuestros límites. En su libro Mindset, la psicóloga Carol

Dweck propone que desarrollar una "mentalidad de crecimiento" es clave para superar el miedo al cambio. En lugar de ver los fracasos como pruebas de nuestra incompetencia, debemos verlos como oportunidades de aprendizaje. Esta mentalidad nos permite ser más resilientes y enfrentar los desafíos con una actitud más abierta y positiva.

También es fundamental comprender que el estancamiento no es una condición permanente. Si bien nuestro cerebro está diseñado para preferir la seguridad y la familiaridad, también tiene una capacidad increíble para adaptarse. La neuroplasticidad, o la habilidad del cerebro para reorganizarse y formar nuevas conexiones, demuestra que, con práctica, podemos entrenar a nuestra mente para sentirse más cómoda en la incertidumbre. Al exponernos regularmente a pequeñas dosis de cambio, podemos ir reprogramando nuestras respuestas automáticas y, con el tiempo, expandir nuestra zona de confort.

Por poner un ejemplo con mi situación, tomar las riendas de mi vida no fue algo de la noche a la mañana, primeramente fue Dios quien me dio su guía, pero hay que resaltar también que yo puse mucho de mi parte, algo que no se hubiera logrado sin haber pasado a la acción, luego de haber encontrado mi falla.

En definitiva, salir de la zona de confort no es un proceso instantáneo, y es importante recordar que cada paso, por pequeño que sea, es una victoria hacia el crecimiento personal. Así como Carol Dweck menciona en su enfoque, los desafíos y los fracasos no deben paralizarnos, sino motivarnos a seguir aprendiendo y mejorando. Este concepto se complementa maravillosamente con una perspectiva espiritual. En mi experiencia, además del esfuerzo personal, ha sido la guía divina lo que me ha dado la fuerza para avanzar. Sin embargo, es crucial entender que la fe y la acción deben ir de la mano.

Las mujeres enfrentamos desafíos únicos, tanto internos como externos, y muchas veces nos encontramos atrapadas entre nuestras expectativas y el miedo al cambio. Pero si aprendemos a confiar en el proceso —tanto en el plano mental como espiritual— podemos romper esos patrones de estancamiento y transformar nuestras vidas. A medida que damos pequeños pasos fuera de nuestra zona de confort, no solo fortalecemos nuestra mente, sino que también abrimos la puerta a la guía espiritual que nos ofrece claridad en nuestras decisiones.

El poder de la neuroplasticidad nos recuerda que el cambio es posible, siempre y cuando estemos dispuestas a dar ese primer paso. Con fe, paciencia y determinación, podemos reprogramar nuestros pensamientos y respuestas automáticas, ampliando nuestra capacidad para enfrentar nuevos retos sin miedo. Mi recomendación es que confíes en el proceso: abre tu mente al aprendizaje y tu corazón a la guía de Dios. No importa qué tan difícil sea el camino, la combinación de ambos te llevará hacia una vida más plena y auténtica.

Recuerda que cada reto es una oportunidad de crecimiento, y con una mentalidad abierta y una fe firme, no hay límite para lo que puedes lograr.

El camino de Oprah Winfrey hacia la evolución y el liderazgo

Culminemos este capítulo con una historia que me gusta mucho. Oprah Winfrey nació en la pobreza, en una zona rural de Mississippi, y desde temprana edad enfrentó grandes dificultades. Sin embargo, en lugar de dejarse definir por las circunstancias que la rodeaban, decidió luchar para cambiar su destino y romper con el estancamiento que parecía haber heredado. Su carrera comenzó en la radio, pero rápidamente encontró su camino en la televisión, donde se consolidó como la presentadora de su propio programa, The Oprah Winfrey Show. A través de este espacio, Oprah se atrevió a tratar temas delicados y rompió tabúes, usando su voz para promover la justicia social y fortalecer a su audiencia.

Un ejemplo memorable de su valentía ocurrió en 1986, cuando entrevistó a un grupo de supremacistas blancos. Durante esa conversación, confrontó sus creencias racistas y reveló la ignorancia detrás de sus prejuicios. Este episodio no solo inició una conversación crítica sobre el racismo en el país, sino que también demostró el coraje de Oprah para enfrentar temas incómodos y su determinación para desafiar ideas que promovían la división.

Pero Oprah no limitó su ambición a la televisión. Con una visión emprendedora, fundó Harpo Productions, que no solo produjo su programa, sino también películas y series de televisión exitosas. Además, expandió su influencia con O, The Oprah Magazine, donde continuó motivando a sus lectores con historias de superación, crecimiento personal y bienestar. Su capacidad para conectar con las personas trascendió los medios, y su liderazgo ayudó a inspirar a otros a desafiar sus propias limitaciones.

Lo que hizo a Oprah única fue su autenticidad. Compartió abiertamente sus propios desafíos, desde su lucha con el peso hasta los traumas de su infancia, y mostró cómo trabajaba en su propio desarrollo personal. Al ser transparente con sus dificultades, derrumbó la imagen de perfección que suele acompañar a las celebridades, y en su lugar, mostró que todos podemos crecer y evolucionar, sin importar de dónde venimos. Así, Oprah no solo venció el estancamiento en su vida, sino que también se convirtió en un modelo para millones, demostrando que el cambio es posible con valentía y determinación.

Reflexiones finales

El estancamiento es un fenómeno común, respaldado por una mezcla de factores psicológicos y biológicos. Sin embargo, también es una trampa de la que podemos escapar si estamos dispuestos a desafiar nuestras creencias limitantes y enfrentar nuestros miedos.

Al final, salir de la zona de confort no se trata solo de buscar el éxito o el reconocimiento externo, sino de crecer como personas y alcanzar un nivel más profundo de satisfacción y autorrealización.

Capítulo 2: La fuerza de la persistencia

"El éxito es la suma de pequeños esfuerzos, repetidos día tras día."

Robert Collier

La vida no siempre se presenta como un camino llano y despejado. A menudo, está lleno de obstáculos, dudas, y momentos de incertidumbre que nos ponen a prueba. Para muchas mujeres, especialmente aquellas que se sienten desorientadas o carentes de apoyo, estos desafíos pueden parecer montañas insuperables. Sin embargo, hay una fuerza dentro de cada una que puede mover esas montañas: la persistencia.

Persistir no significa simplemente insistir. Es importante reconocer la diferencia entre la verdadera persistencia y la obstinación. Ser persistente implica adaptarse, cambiar de enfoque cuando es necesario, y aprender de los errores en el camino. A veces, cuando algo no funciona, el mayor acto de sabiduría es saber cuándo es el momento de ajustar el rumbo. La obstinación, por el contrario, nos lleva a aferrarnos a caminos que ya no sirven, a estrategias que nos frustran y nos mantienen estancadas. La clave está en encontrar el equilibrio: no rendirse, pero tampoco resistirse al cambio.

Este equilibrio se construye celebrando las pequeñas victorias. Cada paso adelante, por mínimo que sea, es un logro digno de reconocimiento. En un mundo donde a menudo se valoran solo los grandes resultados, olvidamos que el éxito es una serie de pequeños avances. Cuando aprendemos a apreciar esos momentos, mantenemos viva la motivación para seguir adelante. Una mujer que se permite celebrar esos pequeños triunfos fortalece su confianza y reafirma su capacidad de avanzar, incluso cuando el objetivo final aún parece distante.

Ejemplos de persistencia se encuentran por doquier. Historias de personas que, pese a enfrentar múltiples fracasos y dificultades, nunca se dieron por vencidas. Pensemos en figuras como Oprah Winfrey, quien enfrentó el rechazo y la pobreza en su juventud, pero se mantuvo firme en su visión de éxito. A través de la resiliencia y la adaptabilidad, logró superar las expectativas de quienes dudaban de su capacidad. Otro ejemplo es J.K. Rowling, quien después de ser rechazada por varias editoriales, siguió creyendo en su obra y terminó transformando el mundo literario con Harry Potter. Estos relatos nos recuerdan que el éxito no es inmediato, ni lineal. Es el resultado de una decisión constante de avanzar, aprender y crear.

No importa cuán desorientada o sola te sientas en este momento. Lo que define tu éxito no es la ausencia de dificultades, sino tu capacidad de levantarte después de cada caída. La persistencia te invita a intentarlo de nuevo, pero con más sabiduría, más conocimiento y más fortaleza. Te impulsa a celebrar esos pequeños logros que otros podrían pasar por alto, porque sabes que cada paso cuenta.

En este viaje, no estás sola. Hay una comunidad de mujeres que, como tú, han aprendido a abrazar la persistencia como una compañera constante. Cada vez que te encuentres ante una dificultad, recuerda que no se trata solo de llegar a la meta, sino de disfrutar y aprender del proceso. La persistencia no es simplemente insistir en algo; es transformar tus esfuerzos, mejorar con cada intento, y avanzar, sabiendo que cada pequeña victoria te acerca más a la grande.

A lo largo de este capítulo, exploraremos cómo puedes aplicar esta fuerza en tu vida diaria, cómo diferenciar entre persistencia y obstinación, y cómo aprender de las historias de otras mujeres que, como tú, decidieron no rendirse ante la adversidad. Porque al final del día, es esa capacidad de persistir lo que define quiénes somos y hasta dónde podemos llegar.

"Cada obstáculo superado fortalece tu carácter, demostrando que la perseverancia es la clave para alcanzar tus sueños más grandes."

Ingrid Estrada

Persistencia vs. Obstinación

La diferencia clave entre las dos no está en la intensidad del esfuerzo, sino en la claridad del propósito y la apertura al cambio. Persistir es sinónimo de resiliencia, de adaptación y de aprendizaje constante; obstinarse, por otro lado, es aferrarse a una idea o camino sin evaluar si nos está llevando realmente a la meta deseada.

La persistencia: Fuerza que transforma

Persistencia significa continuar a pesar de los obstáculos, pero no a ciegas. Se trata de caminar con conciencia, con los ojos abiertos a la realidad que nos rodea. Persistir implica una disposición al cambio, una capacidad de adaptación a las circunstancias, y sobre todo, una flexibilidad que nos permite ajustar el curso sin perder de vista el objetivo. La persistencia es una virtud que se nutre de la disciplina y de la paciencia.

Cuando persistimos, no lo hacemos desde el orgullo, sino desde una profunda confianza en el proceso. Esto no significa que ignoremos los fracasos, sino que los aceptamos como parte del viaje. Cada error es una oportunidad para mejorar, para aprender y ajustar el rumbo. Persistir no es simplemente resistir los golpes de la vida, sino hacerlo con sabiduría, con la capacidad de analizar nuestras acciones y corregirlas cuando sea necesario.

Este tipo de mentalidad es fundamental para el crecimiento personal, porque no basta con tener un sueño o una meta. La persistencia requiere un enfoque estratégico. Si encontramos un obstáculo, buscamos nuevas maneras de sortearlo o incluso reconsideramos si ese obstáculo nos está mostrando la necesidad de cambiar de dirección. La persistencia, entonces, no es una necedad de seguir por el mismo camino a toda costa, sino un compromiso con nuestro desarrollo, con una visión clara de lo que queremos alcanzar y, lo más importante, con la capacidad de adaptarnos y crecer.

Obstinación: Un camino hacia el estancamiento

La obstinación, en cambio, es la cara opuesta de la moneda. Aunque a veces puede parecer que estamos siendo persistentes, en realidad estamos siendo tercos. La obstinación surge cuando nos aferramos a una idea o un camino sin importar cuántas señales nos indiquen que es momento de reconsiderar. Es un estancamiento que nos impide aprender de nuestros errores y nos lleva a insistir en lo mismo una y otra vez, esperando resultados diferentes.

La obstinación nace del orgullo, de la incapacidad de aceptar que a veces necesitamos cambiar de enfoque. Este tipo de actitud puede derivar en frustración y agotamiento, ya que intentamos controlar factores que están fuera de nuestro alcance. Mientras que la persistencia nos impulsa a avanzar con flexibilidad, la obstinación nos mantiene estancados en un ciclo de esfuerzo inútil, consumiendo nuestra energía sin lograr avances reales.

Este comportamiento se basa en una creencia errónea: la idea de que cambiar de camino o de estrategia es sinónimo de fracaso. Sin embargo, esto no puede estar más lejos de la verdad. El verdadero fracaso no es reconocer que un enfoque no está funcionando, sino negarse a verlo. La obstinación nos lleva a una trampa mental en la que preferimos resistir antes que aceptar que necesitamos adaptarnos, lo que al final nos aleja más de nuestras metas.

El balance entre persistir y adaptarse

El verdadero éxito en la vida no radica simplemente en la capacidad de mantenerse firme en un propósito, sino en saber cuándo y cómo ajustar el curso. Esto no quiere decir que debamos abandonar nuestros sueños a la primera señal de dificultad, sino que necesitamos desarrollar la capacidad de diferenciar entre los momentos que requieren mayor esfuerzo y aquellos que exigen una nueva perspectiva.

Al estar en sintonía con nuestros valores y metas, podemos persistir con confianza, sabiendo que cada paso, cada tropiezo, y cada ajuste nos acercan a nuestro diseño original y propósito. Pero cuando la obstinación se apodera de nosotros, perdemos de vista el panorama general. Nos encerramos en una sola idea, en un solo enfoque, y nos privamos de la posibilidad de encontrar caminos más eficientes y enriquecedores.

Uno de los aspectos más poderosos de la persistencia es la humildad. No hay crecimiento sin humildad, sin la capacidad de reconocer que no lo sabemos todo y que siempre podemos mejorar. Persistir es mantenernos en movimiento, avanzar, pero siempre evaluando nuestras acciones y resultados.

La importancia de celebrar nuestros avances

La vida está compuesta por momentos que, a menudo, pasan desapercibidos en medio de nuestras grandes aspiraciones. En la búsqueda de objetivos ambiciosos, solemos olvidarnos de los pequeños logros que alcanzamos en el camino, subestimando su poder. Sin embargo, es en estas pequeñas victorias donde se encuentra una de las claves más importantes para mantener la motivación, la autoestima y el bienestar emocional.

Celebrar los avances menores no es solo un acto de reconocimiento hacia nosotros mismos, sino una práctica esencial para fortalecer nuestra mente y espíritu. Cada pequeño paso dado en la dirección correcta contribuye a la construcción de una vida más equilibrada y saludable. Ignorar esos pequeños logros puede hacernos sentir abrumados por la distancia que aún queda por recorrer, mientras que apreciarlos nos mantiene enfocados, motivados y con la energía necesaria para continuar.

La relación entre las pequeñas victorias y la autoestima

Uno de los factores clave de una vida emocionalmente saludable es la autoestima. Esta no se construye de la noche a la mañana ni mediante grandes gestas heroicas, sino a través de un proceso diario de autorreflexión y autovaloración. Las pequeñas victorias juegan un papel relevante en este proceso, ya que nos permiten reconocer nuestra capacidad para lograr cosas, aunque parezcan insignificantes.

Cada pequeña meta alcanzada nos envía un mensaje interno de que somos competentes, capaces y valiosos. No es necesario esperar a que se cumpla un gran objetivo para sentir satisfacción. El éxito en sí mismo es relativo, y los avances menores son indicadores tangibles de que estamos en el camino correcto. Reconocer y celebrar estos logros fortalece la confianza en nuestras habilidades y nos permite enfrentar desafíos mayores con una actitud más positiva.

Por otro lado, cuando ignoramos estas pequeñas victorias, la mente tiende a enfocarse solo en lo que falta por lograr, creando una sensación de insuficiencia. Esta visión limitada de los avances puede generar frustración y desaliento. En cambio, reconocer y celebrar esos pasos incrementa nuestra capacidad para enfrentar las dificultades con mayor resiliencia.

El impacto de las pequeñas victorias en la motivación

El camino hacia nuestras metas a largo plazo suele estar lleno de obstáculos. Es natural que, en algún momento, nos sintamos desmotivados o agotados por la cantidad de esfuerzo que parece requerir el viaje. Aquí es donde las pequeñas victorias se convierten en el combustible que necesitamos para seguir adelante.

Cuando celebramos un logro, por pequeño que sea, nuestro cerebro libera neurotransmisores como la dopamina, que está relacionada con la sensación de placer y recompensa. Este proceso no solo nos hace sentir bien en el momento, sino que también refuerza el deseo de seguir avanzando. Así, cada pequeña victoria no es solo un paso hacia la meta, sino una fuente de motivación que nos impulsa a continuar.

Las pequeñas victorias y el equilibrio emocional

Celebrar pequeños logros también tiene un impacto positivo en nuestro equilibrio emocional. La vida no es una carrera de velocidad, sino una maratón en la que es importante dosificar nuestras energías. Si solo nos concentramos en las metas grandes y no nos permitimos disfrutar de los pequeños avances, es probable que nos sintamos abrumados y agotados emocionalmente.

El equilibrio emocional es, en gran medida, el resultado de vivir con atención plena. Celebrar las pequeñas victorias es una forma de practicar esta atención, ya que nos obliga a detenernos y reconocer el aquí y el ahora. En lugar de vivir en un futuro lleno de expectativas, nos permite valorar lo que ya hemos conseguido, lo que nos hace más conscientes y agradecidos por cada paso dado.

Fortalecer la resiliencia a través de las pequeñas victorias

La resiliencia, o la capacidad de sobreponernos a las adversidades, también se ve fortalecida cuando aprendemos a celebrar las pequeñas victorias. La vida está llena de desafíos, y es inevitable que, en algún momento, enfrentemos situaciones difíciles que pongan a prueba nuestra fortaleza emocional. En esos momentos, es fácil perder de vista nuestros logros y centrarnos en los fracasos o las dificultades.

Sin embargo, cuando hemos cultivado el hábito de reconocer cada avance, por pequeño que sea, somos más propensos a enfrentar los retos con una actitud positiva. En lugar de rendirnos o sentirnos derrotados, recordamos que hemos superado obstáculos antes y que cada paso nos ha llevado más cerca de nuestras metas. Esta mentalidad resiliente nos permite ver las dificultades como temporales y superables, lo que nos ayuda a seguir adelante con determinación.

Además, celebrar pequeñas victorias nos enseña a valorar el esfuerzo y la perseverancia, cualidades esenciales para mantenernos firmes en tiempos difíciles. Cada paso cuenta, y cada pequeño logro es una prueba de que somos capaces de enfrentar lo que venga. Esto fortalece nuestra capacidad para adaptarnos a las circunstancias y seguir adelante incluso en los momentos más complicados.

Historias de éxito como fuente de inspiración

En el transcurso de la vida, todos nos enfrentamos a desafíos y obstáculos que pueden parecer insuperables. Sin embargo, las historias de lucha y éxito de personajes triunfadores nos muestran que es posible superar la adversidad y alcanzar nuestras metas. Estas narrativas tienen un poder transformador que no solo nos inspiran, sino que nos permiten aprender lecciones valiosas para nuestra propia vida. Al estudiar los caminos de aquellos que han alcanzado el éxito, descubrimos principios universales que podemos aplicar para lograr nuestras propias metas y enfrentar nuestras dificultades con una mentalidad de crecimiento.

La lucha como catalizador del crecimiento

El éxito no nace en la comodidad. Las personas que han triunfado en sus vidas suelen tener algo en común: han atravesado periodos de lucha intensa que los llevaron a descubrir su verdadero potencial. Estos momentos de adversidad, aunque duros, son los que forjan el carácter. Las historias de éxito nos muestran que la lucha no es algo a evitar, sino a abrazar. Cada desafío que enfrentamos es una oportunidad para aprender, crecer y fortalecernos.

Cuando escuchamos historias de grandes figuras que lograron transformar su vida, lo que realmente nos conecta es su humanidad. Estas personas no son diferentes a nosotros en esencia. En algún punto de su camino, también se sintieron inseguros, con miedo y abrumados. Pero, a pesar de esos sentimientos, encontraron el coraje para seguir adelante. Este tipo de relatos nos recuerda que no estamos solos en nuestras batallas, y que lo que marca la diferencia no es la ausencia de dificultades, sino cómo elegimos enfrentarlas.

La lucha no es el fin, sino el medio para crecer. Aquellos que han pasado por situaciones difíciles han desarrollado una mentalidad resiliente, que les permite adaptarse a los cambios y superar las barreras que encuentran en el camino. Al aprender de sus experiencias, nosotros también podemos desarrollar esa resiliencia y aplicar sus lecciones en nuestras propias vidas.

El poder de la inspiración: Modelar a los triunfadores

Uno de los aspectos más poderosos de las historias de éxito es su capacidad de inspirarnos a actuar. Cuando vemos a alguien que ha logrado grandes cosas a pesar de circunstancias adversas, nos damos cuenta de que nosotros también podemos hacerlo. Las historias de lucha y éxito nos ofrecen modelos a seguir, personas cuyas decisiones y acciones podemos emular para mejorar nuestras propias vidas.

El proceso de modelar a alguien que ha alcanzado el éxito no significa imitarlo en todo, sino observar de cerca sus hábitos, su mentalidad y las estrategias que han implementado. Las personas que han superado grandes desafíos suelen compartir ciertos patrones de comportamiento: tienen una visión clara de lo que quieren lograr, son disciplinados en su enfoque, y no temen fallar porque entienden que el fracaso es una parte inevitable del éxito.

Al estudiar las historias de estos triunfadores, podemos identificar los principios que los guiaron y adaptarlos a nuestras circunstancias. La inspiración que obtenemos de estos relatos nos impulsa a ir más allá de nuestros propios límites, a desafiar las creencias limitantes que nos frenan y a adoptar una mentalidad más abierta y proactiva. El éxito deja huellas, y seguir esas huellas puede acortar nuestro propio camino hacia nuestras metas.

La importancia de la acción masiva y decisiva

Las historias de éxito no solo nos inspiran, sino que también nos enseñan la importancia de tomar acción. Los grandes triunfadores no llegaron a donde están por casualidad. Todos ellos tomaron decisiones audaces, actuaron de manera consistente y no permitieron que el miedo al fracaso los detuviera. La acción masiva y decisiva es un principio clave que emerge de estas historias.

Cuando observamos los patrones de comportamiento de personas exitosas, notamos que no se quedan esperando a que las circunstancias sean perfectas para actuar. Saben que el éxito no es un destino, sino un proceso continuo de prueba y error. Cada paso que dan, incluso si resulta en un fracaso temporal, los acerca más a sus objetivos.

Al estudiar estas historias, aprendemos que el verdadero fracaso no es cometer errores, sino no intentarlo. El miedo a equivocarnos puede paralizarnos, pero los grandes triunfadores han aprendido que cada error es una lección valiosa que los prepara para el éxito a largo plazo. Así, no se trata de evitar los fracasos, sino de aprender a utilizarlos como combustible para seguir adelante.

Transformar la inspiración en cambio personal

La clave para aprovechar el poder de las historias de éxito radica en cómo transformamos la inspiración en cambio personal. No basta con admirar a quienes han alcanzado el éxito; debemos tomar las lecciones que nos ofrecen y aplicarlas en nuestra propia vida. Cada historia de lucha y éxito nos brinda herramientas para desarrollar una mentalidad de crecimiento, para asumir la responsabilidad de nuestras decisiones y para tomar el control de nuestro destino.

La verdadera transformación ocurre cuando utilizamos la inspiración que nos brindan estas historias como un impulso para cambiar nuestros propios patrones de pensamiento y comportamiento. Al hacerlo, nos convertimos en los protagonistas de nuestra propia historia de éxito. El viaje no será fácil, pero las lecciones que hemos aprendido nos prepararán para enfrentar cualquier desafío que se presente.

Capítulo 3: Camino hacia la autenticidad

"Conocerse a sí mismo es el principio de toda sabiduría."

Aristóteles

Cuando no sabemos quiénes somos realmente, comenzamos a construir nuestra identidad sobre las expectativas de los demás. Esto nos empuja a buscar amor, aceptación y aprobación en lugares equivocados, olvidando que la única validación que verdaderamente importa es la que nace de nuestro interior. No solo ocurre en las relaciones amorosas, sino en cada aspecto de nuestra vida: con la familia, los amigos e incluso en el trabajo. En ese afán por complacer, terminamos sacrificando nuestra verdadera esencia.

El camino hacia la autenticidad comienza con el autoconocimiento profundo. ¿Cómo puedes ser fiel a ti misma si no sabes quién eres? A lo largo de este capítulo, exploraremos cómo puedes empezar a conocerte a fondo, más allá de las etiquetas y expectativas que te han impuesto. Aprender a observarte desde una perspectiva honesta es el primer paso para liberarte de esas creencias limitantes que te han mantenido en la sombra de los demás. Al descubrir quién eres, reconocerás tu valor inherente, aquel que no depende de la aprobación externa.

Es fácil caer en la trampa de las máscaras. Durante años, tal vez has interpretado roles que no te corresponden, actuando según lo que otros esperan de ti, o lo que crees que deberías ser. Pero llega un momento en la vida en que esas máscaras se vuelven pesadas. Vivir desde la autenticidad requiere soltar esas falsas identidades y atreverte a ser quien eres, sin disculpas ni miedos. Este apartado te guiará en el proceso de deshacerte de esas falsas fachadas, para que

43

puedas empezar a vivir con libertad, sin el temor constante de decepcionar a otros.

Finalmente, ser auténtica también implica confiar plenamente en tu esencia, incluso cuando hacerlo puede ser incómodo o desafiante. La sociedad a menudo nos presiona para encajar, pero la verdadera fuerza radica en abrazar tu individualidad. Tener confianza en tu propio valor, a pesar de lo que otros puedan pensar o decir, es la clave para crear relaciones más genuinas y vivir una vida plena. La autenticidad no es solo un estado, es una práctica constante que te permitirá establecer límites saludables y vivir desde tu verdadera identidad.

En las líneas que siguen, aprenderás a reconectar con tu ser auténtico, dejando atrás el miedo a ser juzgada o rechazada. Porque solo cuando te permites ser quien eres realmente, encuentras la verdadera libertad y el poder de transformar tu vida.

"Abrazar tu autenticidad es liberar el poder de ser tú misma, sin máscaras ni expectativas impuestas por el mundo."

Ingrid Estrada

El viaje hacia tu autenticidad más allá de las expectativas externas

A lo largo de nuestras vidas, estamos constantemente expuestos a las expectativas de la sociedad, la familia, los amigos y las instituciones. Estas influencias pueden moldear nuestras decisiones, actitudes e incluso la manera en que nos vemos a nosotros mismos.

Sin embargo, llega un punto en el que es esencial hacer una pausa y preguntarse: ¿Quién soy realmente? ¿Qué es lo que quiero y qué me define, más allá de lo que los demás esperan de mí?

Este viaje hacia el autoconocimiento implica un compromiso honesto y valiente con uno mismo. No se trata solo de liberarse de lo que otros piensan, sino de comprender qué aspectos de nuestra vida han sido definidos por influencias externas y cuáles realmente representan nuestros deseos más profundos. Enfrentarse a esta realidad puede ser muy exigente, ya que requiere desmantelar creencias y patrones que han estado presentes por años.

El proceso incluye prácticas como la autoevaluación, el cuestionamiento de las creencias limitantes, la visualización de un futuro auténtico y la toma de decisiones conscientes. A medida que te adentras en este proceso, te darás cuenta de que eres más de lo que los demás esperan de ti: eres una persona con sueños, capacidades y un propósito que va mucho más allá de las expectativas externas. Al final, descubrir tu verdadera identidad es la clave para vivir una vida más plena, en tus propios términos y alineada con tus valores esenciales.

El primer paso para descubrir quién eres realmente es comprometerte a una autoevaluación honesta. Esto implica tomarte el tiempo para analizar tus pensamientos, emociones y comportamientos sin juzgarte. La clave aquí es observar patrones en tu vida: ¿qué acciones tomas porque realmente te importan, y cuáles haces para complacer a otros? En este proceso, es importante diferenciar entre lo que realmente te da satisfacción y lo que simplemente cumple con las expectativas sociales o familiares.

Una técnica útil es hacerte preguntas poderosas y reflexionar sobre las respuestas. Algunas preguntas que podrías considerar son:

- ¿Qué haría si no tuviera miedo al juicio de los demás?
- ¿Qué actividad o trabajo me hace sentir más vivo?

- ¿Cuáles son los momentos en los que me he sentido más en paz o conectado conmigo mismo?

Estas preguntas te permiten adentrarte en tu interior y reconocer las áreas en las que te has desviado de tu verdadero yo, debido a las expectativas externas.

Desafiar tus creencias limitantes

Muchas de las expectativas externas que enfrentamos en la vida se convierten en creencias limitantes que nos impiden actuar conforme a nuestros deseos auténticos. Estas pueden haberse formado en la niñez, en interacciones con la sociedad o en relaciones personales, y a menudo ni siquiera nos damos cuenta de que nos están frenando.

Una técnica clave para descubrir quién eres es desafiar activamente estas creencias limitantes. Pregúntate: ¿por qué creo que no puedo hacer esto? ¿De dónde viene esta idea? ¿Realmente me pertenece o es algo que aprendí de otra persona? A menudo descubrirás que lo que consideras una barrera es en realidad una construcción mental que puede ser desmantelada.

Al desafiar tus creencias limitantes, puedes redirigir tu enfoque hacia lo que realmente deseas y te impulsa, en lugar de actuar según lo que otros esperan de ti.

Practicar la visualización del futuro

La visualización es una técnica poderosa para conectarte con tu "yo" auténtico. Al ver e imaginar el futuro sin restricciones ni límites impuestos por otros, puedes empezar a crear lo que realmente deseas para ti. La clave aquí es visualizar de una manera sensorial, en la que puedas sentir, ver, oír y experimentar lo que tu futuro yo realmente querría.

Este tipo de acción te permite romper con las expectativas externas porque no estás limitándote a lo que otros creen posible para ti, sino a lo que tú realmente aspiras. A medida que trabajas en estas imágenes mentales, empezarás a sentir una mayor conexión con lo que te motiva y te define como individuo.

Establecer estándares personales altos

Uno de los mayores retos para escapar de las expectativas externas es que a menudo nos adaptamos a lo que otros consideran adecuado para nosotros. Si deseas definirte auténticamente, es fundamental que establezcas tus propios estándares personales. Estos deben ser altos, pero alcanzables, y lo más importante, deben estar alineados con tus valores principales.

Establecer altos estándares significa que no vas a conformarte con menos de lo que sabes que eres capaz de lograr. Sin embargo, estos no deben estar basados en lo que la sociedad o tus seres queridos esperan de ti. Se trata de alinearlos con tu propósito y lo que consideras tu mejor versión. Esto te permitirá vivir una vida en tus propios términos, definida por lo que te motiva, no por lo que otros esperan.

Asumir el control de tu estado emocional

Tu estado emocional es un reflejo directo de cómo te defines y cómo te relacionas con el mundo. Si constantemente te sientes ansiosa, insegura o insatisfecha, es posible que estés viviendo según las expectativas de otros en lugar de las tuyas. Asumir el control de tus emociones te permite reconectar contigo misma y con lo que realmente te importa.

La técnica aquí es simple pero efectiva: cambia tu fisiología para cambiar tu estado emocional. Algo tan sencillo como ajustar tu postura, cambiar tu respiración o moverte de una manera diferente puede tener un impacto profundo en cómo te sientes y cómo te ves a ti misma. A través de este proceso, puedes generar un estado emocional más positivo y fuerte, que te permitirá actuar de acuerdo con tus propios deseos y no los de los demás.

Rodearte de personas que te inspiran

Es fundamental rodearte de personas que apoyen tu crecimiento personal y tu verdadera identidad. Si pasas tiempo con personas que constantemente te imponen expectativas o te hacen sentir que no eres suficiente, será mucho más difícil conectarte con tu verdadero ser.

Busca rodearte de personas que te desafíen, te inspiren y te animen a ser la mejor versión de ti misma. Estas relaciones positivas no solo te ayudarán a mantenerte enfocada en tu propio camino, sino que también te proporcionarán el apoyo necesario cuando enfrentes dificultades.

Tomar acción masiva y decisiva

El último paso para definirte más allá de las expectativas externas es tomar acción masiva. Este tipo de acción no es cualquier movimiento, sino decisiones claras y poderosas que te acerquen a lo que realmente deseas ser. Muchas personas se quedan atrapadas en la parálisis por análisis, esperando el momento perfecto para actuar. Sin embargo, el verdadero cambio ocurre cuando te atreves a actuar, incluso cuando no tienes todas las respuestas.

Cada vez que tomes una acción alineada con tus deseos y metas personales, te estarás acercando más a tu yo auténtico. No importa si cometes errores en el camino; lo importante es que estás tomando el control de tu vida, alejándote de lo que los demás esperan de ti y avanzando hacia lo que te define realmente.

Deshacerte de las máscaras

En algún punto de tu vida, si te descuidas, las expectativas ajenas comienzan a determinar tus decisiones, a dictar cómo vives. Y el problema es que, cuando actúas bajo la influencia de lo que otros esperan de ti, pierdes contacto con tu verdadero ser. Estás viviendo una vida que no es tuya, y eso te lleva a sentir una desconexión interna, insatisfacción y falta de propósito. Para cambiar esto, es fundamental que te reconectes con tu esencia, descubras quién eres realmente y vivas desde ese lugar de autenticidad.

Dejar de actuar según lo que otros esperan de ti requiere coraje, pero, sobre todo, claridad. Tienes que identificar primero qué creencias o expectativas externas están moldeando tu vida. ¿Qué cosas haces simplemente porque crees que "deberías" hacerlas? Muchas veces, estas creencias están tan arraigadas que ni siquiera las cuestionas. Pero si te detienes un momento y te haces preguntas profundas, descubrirás que no siempre están alineadas con lo que realmente deseas.

El primer paso para vivir en sintonía con tu verdadero ser es tomar conciencia de las reglas no escritas que has aceptado. Piensa en las decisiones más importantes de tu vida: tu carrera, tus relaciones, tus metas. ¿Fueron decisiones que tomaste basadas en lo que querías o en lo que otros esperaban de ti? Puede ser que hayas seguido el camino que te dijeron que era "correcto" porque tenías miedo de decepcionar a los demás, o quizás buscabas aprobación. Es natural querer ser aceptado, pero cuando la aprobación externa se convierte en el motor de tu vida, terminas perdiéndote a ti mismo en el proceso.

Una vez que identificas estas expectativas, el siguiente paso es cuestionarlas. Pregúntate si realmente te sirven. ¿Te están acercando a una vida de satisfacción y plenitud, o simplemente te mantienen atrapado en un ciclo de complacencia? Cuestionar esas creencias es clave para liberar el poder de tu auténtico ser. Aquí es donde entra en juego la capacidad de tomar decisiones desde un lugar de convicción interna, en lugar de permitir que las opiniones de otros guíen tu camino.

Todos enfrentamos una serie de condicionamientos sociales. Desde una edad temprana, somos moldeados por nuestros padres, maestros y las normas culturales. Aprendemos a adaptarnos, a buscar el camino de menor resistencia, que a menudo es el de la conformidad. Pero la conformidad mata la creatividad y sofoca tu esencia. Si te limitas a vivir de acuerdo con lo que otros esperan de ti, nunca descubrirás de lo que eres capaz. Vivir auténticamente no significa que debes rechazar todas las normas sociales, sino que debes tomar decisiones conscientes y alineadas con lo que realmente te inspira, te apasiona y te impulsa.

Una parte relevante de este proceso es aceptar que no puedes complacer a todos, y eso está bien. De hecho, cuando empiezas a vivir de acuerdo a tu verdadero ser, es probable que enfrentes resistencia. Las personas en tu vida, acostumbradas a verte actuar de cierta manera, pueden sentirse incómodas cuando empiezas a cambiar. Pero esa incomodidad es una señal de que estás evolucionando. Tienes que estar dispuesta a enfrentar esa incomodidad temporal si realmente quieres vivir una vida auténtica y plena.

Hay que entender que tus decisiones deben basarse en tus propios valores, no en los de otros. Cuando tus valores están claros, tus decisiones se vuelven más fáciles. Saber lo que realmente valoras te proporciona un marco sólido para tomar decisiones que estén alineadas con tu verdadero ser. Si, por ejemplo, valoras la libertad y la creatividad, pero te encuentras en un trabajo o en una relación que restringe esas áreas, es una señal de que no estás siendo fiel a ti misma. Tienes que alinearte con lo que realmente te importa, y eso requiere introspección y honestidad contigo.

Para empezar a vivir desde tu verdadero ser, también es esencial que desarrolles una visión clara de lo que quieres. Sin una visión clara, te quedarás atrapada en el mismo patrón de complacencia y conformidad. Tu visión debe ser tan poderosa que te inspire a actuar incluso cuando los demás no te apoyen o no lo comprendan. Al crear una visión que sea realmente tuya, obtienes una fuente interna de motivación que es mucho más fuerte que cualquier presión externa. Esa visión se convierte en tu brújula, guiándote hacia las decisiones y acciones que te permitirán vivir en alineación con quien realmente eres.

Vivir desde tu verdadero ser implica comprometerte a crecer continuamente. Crecer significa desafiar tus límites, superar miedos y ser lo suficientemente valiente como para enfrentar lo desconocido. Cuando estás comprometida con tu propio crecimiento, dejas de preocuparte tanto por lo que otros piensen de ti, porque entiendes que tu camino es único. Te das cuenta de que las expectativas externas son solo distracciones y que el verdadero poder está en tu capacidad para diseñar tu propia vida. Este compromiso con el crecimiento te libera de la necesidad de conformarte con las expectativas ajenas y te permite vivir desde un lugar de autenticidad y propósito.

La vida es demasiado corta para vivirla según los términos de alguien más. Vivir de acuerdo a tu verdadero ser no solo es posible, es necesario si realmente quieres experimentar una vida llena de significado, pasión y realización. Y cuando lo hagas, descubrirás que todo lo que buscabas fuera de ti siempre estuvo dentro. Todo comienza con una decisión: la decisión de ser fiel a ti misma, independientemente de lo que otros esperen.

Confianza en tu esencia

La mayoría de las personas pasan gran parte de sus vidas adaptándose a las expectativas de los demás, porque el miedo al rechazo, al juicio o al fracaso puede ser paralizante. Pero en el momento en que deciden romper con ese patrón y ser fiel a sí mismos, encuentran una libertad que no se puede comparar con nada más.

Es importante comprender que la autenticidad no significa ser perfecto ni tener todas las respuestas. Se trata de aceptar quién eres, con todas tus fortalezas y debilidades, y estar dispuesta a mostrarte tal cual, incluso en los momentos incómodos. ¿Por qué es esto tan difícil para muchas personas? Porque ser auténtico implica riesgo. Implica ser vulnerable, estar dispuesto a ser criticado o incluso rechazado. Pero lo que muchos no se dan cuenta es que el verdadero rechazo ocurre cuando no somos fieles a nosotros mismos. Cuando nos traicionamos a nosotros mismos para encajar o para cumplir con las expectativas de otros, el daño es mucho mayor que cualquier rechazo externo. El dolor de vivir una vida que no es la nuestra es mucho más profundo que el miedo temporal de ser juzgado.

Para desarrollar esta confianza interna, necesitas entrenar tu mente y tus emociones de la misma manera que entrenarías tu cuerpo para un maratón. No es algo que suceda de la noche a la mañana. Requiere práctica constante y una determinación férrea. Una de las formas más efectivas de construir esta confianza es mediante la acción. Cuando enfrentas situaciones que te hacen sentir incómoda o vulnerable, y eliges actuar de acuerdo con tus verdaderos deseos y valores, te estás entrenando a ti misma para ser auténtica, sin importar lo que ocurra a tu alrededor. Cada vez que tomas una acción basada en lo que realmente crees, fortaleces tu confianza en ti.

Es fundamental recordar que el crecimiento ocurre en los momentos de incomodidad. Si siempre estás buscando evitar salir de tu zona de confort, nunca podrás desarrollar la fortaleza interna que necesitas para ser auténtica. En lugar de huir de esas situaciones, abrázalas. Reconoce que son oportunidades para crecer y para reafirmar tu compromiso contigo. La incomodidad no es el enemigo; es un maestro que te muestra dónde necesitas trabajar y dónde puedes mejorar.

En estos cambios siempre es necesario cambiar tu relación con el miedo. Este pasa a ser una emoción natural, y no puedes eliminarlo por completo. Pero puedes aprender a gestionarlo y a usarlo como una herramienta para tu crecimiento. Cuando te encuentras en una situación en la que sientes miedo de ser quien realmente eres, no trates de eliminar ese sentir. En su lugar, reconócelo, acéptalo y sigue adelante a pesar de el. Este temor puede ser un aliado poderoso cuando lo enfrentas, porque te muestra las áreas de tu vida donde aún tienes que crecer.

El entorno en el que te encuentres puede ejercer una gran presión para que actúes de cierta manera o para que te conformes con lo que es socialmente aceptable. Pero recuerda que no puedes controlar lo que otros piensen o cómo reaccionen. Lo único que puedes controlar es cómo te presentas ante el mundo. Si eliges ser auténtica, si eliges actuar desde tu verdad, eventualmente atraerás a personas y oportunidades que estén alineadas con quien realmente eres. No todas las personas aceptarán o apreciarán tu autenticidad, y eso está bien. Lo importante es que te mantengas fiel a ti mismo, porque la única persona que debe vivir con las consecuencias de tus elecciones eres tú.

No siempre será fácil, y habrá momentos en los que te sentirás tentada a retroceder y a conformarte. Pero cada vez que elijas ser auténtica, incluso cuando sea incómodo, estarás construyendo una vida más plena y significativa. La autenticidad no es solo una opción; es una necesidad para vivir una vida con propósito. Y cuando lo haces, descubres que la incomodidad es un pequeño precio a pagar por la libertad de ser quien realmente eres.

Capítulo 4: El poder de los límites

"Únicamente aquellos que se atreven a tener grandes fracasos, terminan consiguiendo grandes éxitos".

Robert F. Kennedy

Cada etapa de la vida presenta sus propios desafíos y formas de atención. Desde los primeros años de nuestros hijos hasta la adultez, la forma en que los cuidamos y los guiamos cambia, y debemos adaptarnos a estas transiciones. Lo mismo ocurre con nosotros mismos: nuestras necesidades y formas de cuidado también evolucionan.

Es fundamental que te ames y te cuides en cada etapa de tu vida. Al igual que ofreces atención y apoyo a tus hijos en sus diferentes etapas, debes hacer lo mismo contigo mismo. Reconocer que mereces amor y cuidado es esencial para tu bienestar. Si en algún momento sientes que no puedes hacerlo, recuerda que este es un proceso, y está bien buscar ayuda y apoyo.

Tus acciones y tu forma de vivir sirven como ejemplo para los demás, especialmente para tus hijos. La manera en que manejas tu vida, tus decisiones y tus límites enseña a quienes te rodean cómo deben tratarse a sí mismos y a los demás. No es que necesites hacer todo a la perfección, sino que tu vida puede inspirar y motivar a otros simplemente al ser auténtico y cuidar de ti mismo.

Aprender a decir "no" es una habilidad vital. Esto no solo establece límites saludables en tus relaciones, sino que también te ayuda a concentrarte en lo que realmente importa para ti. Al decir "no" cuando es necesario, no solo proteges tu tiempo y energía, sino que también te aseguras de que tus relaciones sean genuinas y basadas en el respeto mutuo.

Recuerda que decir "no" no es algo negativo. Como mencionó John Maxwell en su libro *"Desarrolle el líder que está en usted 2.0"*, saber decir "no" es una habilidad valiosa para mantener un equilibrio en tu vida. Esto te permite enfocarte en tus prioridades y en lo que verdaderamente te aporta valor.

A continuación te muestro las claves para el auto-cuidado y el empoderamiento personal:

- Adaptación y transición: Entiende que cada etapa de tu vida requiere diferentes formas de atención y cuidado. Adáptate a estos cambios y reconoce tus necesidades en cada etapa.
- Amor propio: Dedica tiempo a cuidarte y amarte. Tu bienestar es fundamental para tu felicidad y éxito. No te sientas culpable por invertir en ti mismo.
- Ejemplo para otros: Tu forma de manejar tu vida y establecer límites sirve como ejemplo para quienes te rodean. Muéstrales cómo cuidarte y priorizar tu bienestar.
- Habilidad para decir "No": Aprende a decir "no" cuando sea necesario. Esto te ayudará a mantener tus límites y a enfocarte en lo que realmente importa.
- Valora tu tiempo: Tu tiempo es valioso. Asegúrate de dedicarlo a actividades y personas que aporten positividad a tu vida.
- Buscar ayuda: No dudes en buscar apoyo o mentoría si lo necesitas. El auto-cuidado también implica reconocer cuando necesitas ayuda para crecer y sanar.

"Al crear límites saludables, cultivas relaciones respetuosas y preservas tu energía, asegurando que tu crecimiento personal siga siendo tu prioridad."

Ingrid Estrada

La transformación personal: Empoderamiento y equilibrio

En mi viaje hacia la autoaceptación y el crecimiento personal, he aprendido que la transformación comienza desde adentro. Muchas veces, nos esforzamos por cambiar a los demás o nuestras circunstancias, pero el verdadero cambio empieza con nosotros mismos. Cuando empezamos a trabajar en nuestro bienestar interior, en nuestra salud mental y emocional, se produce un impacto positivo en todas las áreas de nuestra vida.

En mi caso, he aprendido a dejar de depender de la validación externa y a centrarme en el amor propio y en la aceptación de mis dones y talentos únicos. Mis mentores y mis lecturas sobre el crecimiento personal y el conocimiento del reino de Dios me han enseñado la importancia de este proceso. He reconocido que, aunque las decisiones que tomé en el pasado afectaron a mis hijos, estoy en camino de sanar por completo esas relaciones y de ser un mejor apoyo para ellos estando ahora todos como adultos.

La clave para el cambio es comenzar con uno mismo. No podemos esperar que otros cambien si no estamos dispuestos a hacer el trabajo interno necesario. Este proceso no solo beneficia nuestra propia vida, sino que también tiene un impacto positivo en nuestra familia y en las generaciones futuras. Si te conviertes en el primero en romper con ciclos negativos, abres la puerta para un cambio duradero en tu familia y en ti mismo.

Una lección importante que he aprendido es que no debemos depender de otros para que nos amen o nos validen. Es esencial amarnos a nosotros mismos primero y reconocer nuestro propio valor. A veces, nos distraemos tratando de complacer a los demás o de cumplir con expectativas externas, en lugar de enfocarnos en lo que realmente nos hace felices y plenos.

Cada habilidad que tenemos, ya sea como madres, profesionales o en cualquier otro rol, puede convertirse en una herramienta valiosa. Lo que a veces consideramos como tareas cotidianas puede ser la base para algo más grande, como un negocio o un proyecto personal. Es importante valorar lo que hacemos y reconocer que nuestras habilidades tienen potencial para transformar nuestra vida y la de los demás.

Tu viaje hacia el empoderamiento y la autoaceptación es un proceso continuo. No se trata de alcanzar la perfección, sino de avanzar en tu crecimiento personal y de vivir una vida auténtica y plena. Al enfocarte en ti mismo y en tus necesidades, no solo te beneficiarás, sino que también crearás un impacto positivo en aquellos que te rodean.

¿Tus límites están bien definidos?

El poder de los límites radica en su capacidad para transformar no solo nuestras relaciones, sino también la manera en que nos percibimos a nosotros mismos. Los límites son una expresión clara de lo que valoramos, de lo que estamos dispuestos a aceptar y de lo que no. Cuando aprendes a establecerlos, estás declarando al mundo que tu bienestar importa, que tienes derecho a cuidar de ti mismo. Y es en esa afirmación donde reside el verdadero poder.

Al crear límites saludables, también estás cultivando una relación más auténtica contigo mismo. Te permites ser honesto sobre tus necesidades, sobre tu tiempo y energía, sin la presión de complacer a los demás o de cumplir con expectativas que no son tuyas. Este proceso no es sencillo, porque implica un desaprendizaje de viejas creencias que nos han enseñado a priorizar las necesidades de los demás sobre las nuestras. Pero cuando te das cuenta de que poner límites no significa distanciarte, sino honrarte, entonces entiendes que ese poder está en ti.

Lo que resulta aún más poderoso es cómo esos límites impactan tus relaciones. Lejos de alejarlas, los límites crean el espacio para que las conexiones sean más profundas, porque están basadas en el respeto mutuo. Cuando comunicas con claridad lo que necesitas, estás invitando a los demás a hacer lo mismo, y desde ahí, las relaciones florecen. El poder de los límites es que no solo protegen tu bienestar, sino que también construyen puentes hacia relaciones más sinceras, respetuosas y duraderas. Al final, ese poder se traduce en paz, en equilibrio y en la posibilidad de vivir una vida más plena y alineada con quien realmente eres.

Reconocer tus límites

Reconocer tus límites es uno de los actos más poderosos de amor propio que puedes practicar. A menudo, nos vemos atrapados en la rutina diaria, en los compromisos y las expectativas que otros tienen de nosotros, olvidando lo más importante: nuestra propia salud mental y emocional. La sociedad nos impulsa a creer que debemos ser siempre fuertes, estar disponibles para los demás y enfrentar cada obstáculo con una sonrisa. Sin embargo, esta creencia nos lleva a un lugar donde nuestros límites se desdibujan, y poco a poco comenzamos a sentirnos sobrecargadas.

Para identificar cuándo has llegado a este punto, es crucial aprender a escuchar tu voz interior. Ese sentimiento de incomodidad, esa pequeña tensión que se acumula en tu pecho o en tu mente, es tu intuición tratando de decirte algo. Demasiadas veces, ignoramos esos primeros signos de agotamiento porque creemos que podemos continuar. Tal vez piensas que descansar es un lujo que no puedes permitirte. Pero la realidad es que si no te detienes y escuchas a tu cuerpo, tu mente comenzará a manifestar signos más graves de estrés. La fatiga constante, la irritabilidad y la sensación de que las tareas más simples son abrumadoras, son señales de que estás alcanzando tu límite.

Es importante recordar que la vida no se trata de demostrarle a los demás cuánto puedes soportar. No hay medallas al final del día por haber cargado más de lo que podías. De hecho, lo contrario es cierto. Cuando aprendes a reconocer y respetar tus propios límites, te das cuenta de que la verdadera fortaleza reside en saber cuándo decir "basta". En ese momento, puedes empezar a priorizarte, a darte el tiempo necesario para recargar energías y sanar.

El bienestar mental y emocional es tan importante como el físico, y a veces incluso más. Puedes estar en perfecta forma física, pero si tu mente está agotada, no serás capaz de disfrutar plenamente de tu vida. Reconocer tus límites no es un signo de debilidad, sino de sabiduría. Es el resultado de conocer tu valor y entender que, para cuidar a los demás, primero debes cuidarte a ti misma. No hay nada egoísta en poner tu bienestar como prioridad; es necesario para mantener el equilibrio y la paz interior.

A lo largo de nuestra vida, a menudo nos vemos atrapadas en las expectativas ajenas. Tal vez sientes que debes cumplir con las demandas de tu trabajo, de tu familia, de tus amigos. Pero en algún punto, debes detenerte y preguntarte: "¿Qué es lo que realmente necesito en este momento?" Es ahí donde comienza el verdadero viaje hacia el autoconocimiento. Este tipo de introspección te permite hacer una pausa y evaluar si las decisiones que estás tomando te están acercando o alejando de tu bienestar.

Las personas que te rodean pueden no entender cuando empiezas a establecer límites claros. Es posible que algunos se sientan decepcionados o incluso ofendidos cuando decides decir "no". Pero es esencial recordar que tu bienestar no depende de la aprobación de los demás. Si sigues empujándote más allá de lo que puedes manejar, tarde o temprano pagarás un precio alto, y nadie más que tú podrá asumir las consecuencias. En esos momentos, la verdadera claridad viene cuando te das cuenta de que proteger tu paz mental y emocional es el acto más valiente y necesario que puedes hacer por ti misma.

Parte de este proceso es aprender a delegar y aceptar que no puedes hacerlo todo. Dejar ir la idea de que debes estar en control de todo no es fácil, pero es esencial para proteger tu bienestar. Al soltar esa carga, permites que otros intervengan, que otras voces sean escuchadas y, al mismo tiempo, te das el espacio necesario para respirar. Estás en un proceso constante de crecimiento, y ese crecimiento incluye aprender cuándo necesitas detenerte y recalibrar tu energía.

Además, debes ser consciente de las señales que te envía tu entorno. Tal vez comienzas a sentir que ciertas situaciones o personas te drenan. Tal vez un compromiso que antes te llenaba de alegría ahora te genera ansiedad. No tienes que aferrarte a todo solo porque una vez funcionó. Permítete evolucionar y reconocer cuándo una etapa ha llegado a su fin. Cuando liberas lo que ya no te sirve, creas espacio para lo nuevo, para lo que realmente te nutre y te eleva.

Recuerda que el autocuidado no es algo que haces solo cuando todo se desmorona. Es un acto diario, una decisión consciente de nutrir tu mente y tu espíritu. La meditación, la lectura, el ejercicio, o simplemente estar en silencio contigo misma, son herramientas poderosas que puedes usar para mantenerte conectada con tu centro. Escuchar tus pensamientos y emociones, y validar lo que sientes, es un acto de respeto hacia ti misma. Así es como puedes construir una vida donde la sobrecarga no tenga lugar, porque has aprendido a priorizar lo que realmente importa: tu bienestar integral.

El viaje hacia el reconocimiento de tus límites no es fácil ni rápido, pero es uno de los pasos más importantes que puedes dar hacia una vida plena y equilibrada. Una vez que te comprometes a respetarte a ti misma, a proteger tu salud mental y emocional, empiezas a atraer más paz y armonía a tu vida. Las relaciones se vuelven más auténticas, las tareas diarias pierden su carga opresiva y, sobre todo, comienzas a experimentar una sensación de libertad que solo llega cuando sabes que, sin importar lo que suceda a tu alrededor, siempre estarás allí para cuidarte a ti misma.

Comunicación efectiva de límites

A lo largo de la vida, nos enseñan muchas veces que decir "sí" es la opción más segura, la que evita conflictos y mantiene la paz, pero esa paz muchas veces es superficial. Uno de los grandes desafíos que enfrentamos al comunicar nuestros límites es el temor de ser percibidos como egoístas o insensibles. Pero lo que debemos recordar es que establecer límites no es un acto de agresión, sino de autocuidado. Cuando tomamos el tiempo para reflexionar sobre lo que realmente necesitamos y somos honestos con nosotros mismos, podemos expresar esos límites de una manera que sea clara, respetuosa y sin remordimientos. Esto requiere coraje y práctica, pero cada paso en este proceso refuerza la conexión contigo mismo.

Una de las claves para comunicar estos de manera efectiva es la claridad. La claridad no solo en las palabras que eliges, sino también en lo que sientes. No puedes comunicar lo que no has identificado. Por eso, el primer paso siempre es la introspección: comprender qué te hace sentir incómoda, qué te está drenando emocionalmente y qué situaciones estás permitiendo que traspasen tus fronteras. Al hacer ese trabajo interno, te das cuenta de que no es solo una cuestión de decir "no" o "sí", sino de honrar lo que necesitas para mantenerte equilibrado y en paz.

Al expresar tus límites, es vital hacerlo desde un lugar de respeto mutuo. No tienes que disculparte por cuidar de ti misma, pero sí puedes transmitir tus necesidades de una manera que invite a la comprensión. Puedes decir algo como: "Esto es lo que necesito en este momento para sentirme bien", o "Respeto lo que estás pidiendo, pero en este momento no puedo comprometerme a eso". De esta manera, no estás atacando a la otra persona, sino simplemente expresando tus propias necesidades.

A veces, sentimos que debemos justificar nuestros límites o dar largas explicaciones de por qué estamos diciendo que no, pero lo cierto es que no siempre es necesario. No tienes que dar una conferencia sobre por qué estás priorizando tu salud mental o física. A menudo, un "no, gracias" o "lo aprecio, pero no puedo" es suficiente. El reto está en poder decirlo sin sentir la necesidad de suavizarlo con disculpas innecesarias. Esto no significa que debas ser rudo o insensible, sino que debes ser directo y firme, porque cuanto más firme seas, más respetarán los demás tus límites.

El miedo al conflicto es otra razón por la que muchas personas dudan en establecer límites. Nos preocupamos de cómo la otra persona reaccionará, de si se sentirá herida o molesta. Pero lo que debemos recordar es que no podemos controlar las reacciones de los demás. Lo único que podemos controlar es cómo nos comunicamos y asegurarnos de que lo hacemos de manera respetuosa. Si alguien elige no respetar tus límites, esa es una información valiosa sobre la dinámica de esa relación. A veces, establecer límites puede provocar que ciertas personas se alejen, y aunque eso puede ser doloroso, es necesario para tu bienestar. Las personas que realmente se preocupan por ti, aprenderán a respetar tu sentir, y esas son las relaciones que tienen una base sólida.

Es natural que al principio te sientas incómoda al comunicar tus barreras. Quizás sientas una punzada de culpa o te preguntes si estás haciendo lo correcto. Es un proceso, y como cualquier habilidad, requiere práctica. Con el tiempo, comenzarás a notar que al establecer y comunicar estas, no solo te sientes más en control de tu vida, sino que también las relaciones que tienes se vuelven más auténticas y basadas en el respeto mutuo. Cuando las personas saben dónde están tus límites, hay menos malentendidos, menos resentimientos acumulados, y más espacio para la sinceridad y el crecimiento.

Otro aspecto importante es aprender a recibir los límites de los demás con la misma gracia que esperas para los tuyos. A veces, puede ser difícil cuando alguien te dice "no" o establece un límite que no esperabas, pero es crucial recordar que cada uno tiene derecho a proteger su espacio emocional y físico. Al respetar los límites de los demás, estás enviando un mensaje claro de que también esperas lo mismo a cambio. Esta reciprocidad es esencial para crear relaciones equilibradas y saludables.

La comunicación de límites efectivos no se trata de construir muros a tu alrededor ni de alejar a los demás, sino de construir puentes que permitan una conexión más honesta y saludable. Al honrar tus propias necesidades y expresarlas de manera respetuosa, estás creando un espacio donde puedes prosperar y crecer, sin comprometer tu bienestar. La culpa que a veces sentimos al decir "no" se disipa cuando entendemos que estamos siendo fieles a quienes somos, y eso, al final del día, es lo que nos permite vivir con autenticidad y paz interior.

Pon límites y protégete de la tríada oscura

La tríada oscura es un término utilizado en psicología para describir a personas con características de narcisismo, maquiavelismo y psicopatía. Estos individuos suelen ser manipuladores, egocéntricos y carecen de empatía.

Cuando una mujer establece límites claros y no permite que su entorno la controle, automáticamente deja de ser una presa fácil para estas personas. Este es un acto de empoderamiento que, aunque puede parecer difícil al principio, marca una diferencia fundamental en la calidad de las relaciones que atrae.

El poder de poner límites

Decir "no" a situaciones que no te convienen, a relaciones tóxicas o a responsabilidades que no te pertenecen, te ayuda a preservar tu energía para lo que realmente importa. Uno de los mayores beneficios de poner límites es que te vuelves menos accesible para personas con intenciones manipuladoras.

Algunas personalidades con tendencias manipuladoras suelen buscar personas que carecen de límites claros, ya que les resulta más sencillo influir y controlar sus acciones. Cuando una mujer establece distancia, manda un mensaje contundente: "Sé quién soy, sé lo que merezco y no permitiré que nadie me trate de otra manera".

Cómo la tríada oscura identifica a sus víctimas

Las personas con características de la tríada oscura suelen ser expertas en detectar a quienes tienen baja autoestima, dificultad para decir "no" o miedo al rechazo. Ven estas debilidades como oportunidades para obtener lo que desean, ya sea validación emocional, control o simplemente el placer de manipular.

Un ejemplo común es el narcisista, que necesita constantemente la admiración de los demás. Este tipo de persona se acercará a mujeres que son complacientes y que buscan la aprobación externa, ya que sabe que será fácil manipularlas para satisfacer sus propias necesidades. Del mismo modo, el maquiavélico, alguien que no tiene escrúpulos para lograr sus objetivos, buscará a quienes tengan dificultades para poner límites claros, porque sabe que puede utilizar su bondad y disposición para su propio beneficio.

Sin embargo, cuando una mujer ha trabajado en su autoestima y ha aprendido a poner límites, estas personas de la tríada oscura rápidamente pierden interés. Esto se debe a que estas mujeres no son víctimas fáciles. Han desarrollado una seguridad interna que las protege de caer en juegos psicológicos. Además, han aprendido a identificar señales de manipulación y toxicidad, alejándose de estas personas antes de que puedan causar daño.

Un ejemplo claro te lo muestro acá, pensemos en María, una mujer que durante años tuvo dificultades para decir "no". Constantemente se encontraba aceptando compromisos que no quería, tolerando comportamientos que la hacían sentir mal y dejándose llevar por las opiniones y deseos de los demás. Su falta de límites la llevó a atraer a una persona narcisista en su vida, que constantemente la hacía sentir culpable por no atender sus necesidades.

Sin embargo, ella decidió trabajar en sí misma, comenzó a leer sobre el poder de los límites, asistió a terapia y poco a poco fue estableciendo nuevas reglas para su vida. Decidió que ya no iba a aceptar menos de lo que merecía y que no permitiría que nadie cruzara sus límites. Aprendió a decir "no" sin culpa, y a identificar conductas manipuladoras antes de que pudieran afectarla.

Con el tiempo, notó que la gente a su alrededor comenzó a cambiar. Las personas que solo estaban en su vida para aprovecharse de su generosidad o manipularla, se fueron alejando. Entre ellos, el narcisista que tanto la había desgastado emocionalmente, dejó de mostrar interés, pues ya no encontraba en ella una víctima fácil. Al poner límites, María no solo protegió su tiempo y energía, sino que también se liberó de relaciones tóxicas que la mantenían atrapada en un ciclo de manipulación.

Capítulo 5: Conociendo tu verdadera esencia

"La pregunta no es quién me va a dejar; es quién va a detenerme".

Ayn Rand

Antes de continuar quiero felicitarte por dar el primer paso hacia la transformación personal. El hecho de que estés dispuesta a enfrentar los desafíos y trabajar en ti misma indica que reconoces el potencial que tienes dentro. El proceso de cambio puede ser exigente, pero es esencial para desbloquear ese potencial y avanzar hacia una vida más plena.

El proceso de transformación:

1. Aceptar el proceso: Aunque la palabra "proceso" pueda sonar desalentadora, es una etapa vital para el crecimiento. Este es donde ocurre el verdadero cambio; es el camino hacia la auto-mejora y la transformación personal. Acepta que habrá momentos difíciles, pero también es en esos momentos donde encontraras oportunidades para aprender y crecer.

2. Identificar y escribir: Toma el tiempo para identificar los momentos dolorosos de tu vida. Estos eventos a menudo moldean nuestra mentalidad y nuestras creencias. Escribir sobre estos viene a ser una forma poderosa de procesar el dolor. Redacta cartas a las personas que te han herido y también a ti mismo. Estas cartas no necesariamente tienen que ser enviadas; son una herramienta para liberar tus emociones y permitirte sanar.

3. Perdónate a ti mismo: A menudo, somos nuestros críticos más duros. Perdónate por las decisiones que has tomado en el pasado y por las creencias que te han limitado. El perdón personal es una parte

esencial del proceso de sanación y te permite avanzar sin las cargas del pasado.

La claridad de lo que anhelas, como herramienta poderosa:

1. Claridad en tus metas: Tener claridad sobre lo que deseas lograr en tu vida es fundamental. Establece metas claras y específicas para ti misma. Ya sea en términos de carrera, relaciones o desarrollo personal, tener una visión clara te permitirá enfocar tus esfuerzos y tomar decisiones más efectivas.

2. Escribir tus objetivos: Escribe tus objetivos y sueños. Cuando los pones por escrito, no solo los clarificas para ti, sino que también los alineas con tu intención. La escritura transforma tus pensamientos abstractos en metas concretas y alcanzables.

3. Enfoque en el auto-cuidado: El auto-cuidado es una parte relevante del proceso. Asegúrate de dedicar tiempo para ti y para tus necesidades. Esto no solo mejora tu bienestar general, sino que también te prepara para enfrentar desafíos y oportunidades con una mentalidad más positiva.

Finalmente quiero que sepas que habrá altibajos, pero cada paso es parte de un viaje hacia una mejor versión de ti misma. La claridad te dará el poder de tomar decisiones más acertadas y de vivir de acuerdo a tus valores y metas. A medida que te enfoques en tus objetivos, estarás en el camino hacia una vida más equilibrada y satisfactoria.

Tu disposición para enfrentar el proceso, aceptar el perdón y buscar claridad es un testimonio de tu compromiso con el crecimiento personal. Sigue adelante con confianza, sabiendo que cada paso que das te acerca más a la vida que deseas y mereces.

"Descubrir quién eres realmente te empodera para vivir con propósito, guiada por tus pasiones más profundas y genuinas."

Ingrid Estrada

Exploración interior

Tus valores y creencias fundamentales son las raíces de todo lo que haces, son las directrices invisibles que moldean tus decisiones, relaciones y la forma en que afrontas los desafíos. Sin embargo, a menudo nos movemos en piloto automático, sin detenernos a examinar cuáles son esos principios que rigen nuestras vidas. Para encontrar claridad, es necesario hacer una pausa, mirar hacia adentro y realizar ejercicios que nos permitan descubrir lo que realmente valoramos y en lo que creemos profundamente.

El proceso de exploración interior comienza con la conciencia de que nuestras acciones están alineadas o desalineadas con nuestros valores. Si no estás satisfecho con alguna área de tu vida, ya sea personal o profesional, es probable que estés actuando de una manera que contradice tus creencias más profundas. A veces, esto se manifiesta en un conflicto interno, una sensación de incomodidad o vacío. Reconocer este desajuste es el primer paso para el crecimiento, ya que nos da la oportunidad de corregir el rumbo.

Uno de los ejercicios más poderosos para descubrir tus valores es la reflexión profunda sobre tus momentos de mayor orgullo y satisfacción. Piensa en una ocasión en la que sentiste que realmente habías logrado algo importante. ¿Qué valores estaban en juego? Tal vez fue la honestidad, el trabajo duro, la responsabilidad o el compromiso con los demás. Estos momentos te dan pistas sobre lo que es verdaderamente importante para ti, y cuanto más claras tengas estas prioridades, más fácil será vivir de acuerdo con ellas.

La pregunta clave que debes hacerte es: ¿Cuáles son los principios innegociables en tu vida? A medida que reflexionas sobre esto, notarás que algunos valores se destacan más que otros. Estos son los pilares que te sostienen, los que no estás dispuesta a comprometer bajo ninguna circunstancia. Sin embargo, no basta con identificar estos principios, también es esencial alinear tus acciones con ellos. Si valoras la integridad, por ejemplo, pero encuentras que te comprometes en situaciones difíciles, es hora de ajustar tu comportamiento para que sea coherente con lo que dices valorar.

Otro ejercicio útil es reflexionar sobre las decisiones difíciles que has tomado en el pasado. Las decisiones complicadas suelen poner a prueba nuestros valores y nos obligan a priorizar lo que es más importante en momentos de presión. Al revisar estas situaciones, pregúntate: ¿Qué principios me guiaron en esa ocasión? ¿Me sentí en paz con la decisión que tomé? Si hubo alguna incomodidad, es posible que hayas traicionado un valor fundamental, lo que te da la oportunidad de hacer ajustes futuros.

También es importante explorar las creencias que has heredado o absorbido a lo largo del tiempo. Desde temprana edad, somos influenciados por nuestras familias, amigos, cultura y experiencias, y a veces asumimos ciertas creencias sin cuestionarlas. Algunas de estas creencias pueden ser útiles y otras limitantes. Para vivir una vida plena, es necesario examinar cada una de ellas y decidir cuáles merecen ser conservadas y cuáles deben ser descartadas. Un ejercicio que puede ayudarte a hacer esto es escribir una lista de creencias que has adoptado a lo largo de tu vida. Luego, evalúa cada una de ellas preguntándote: ¿Esta creencia me empodera o me limita? ¿Me acerca a la vida que quiero vivir o me aleja de ella?

La exploración interior también implica un proceso constante de autoevaluación. A medida que cambias y creces, tus valores pueden evolucionar, y lo que creías fundamental en una etapa de tu vida puede no ser tan relevante en otra. Por eso, es crucial revisar periódicamente tus creencias y asegurarte de que sigan siendo coherentes con la persona que eres ahora y la que aspiras a ser. Este proceso de autoevaluación debe ser honesto, sin miedo a descubrir que algunos de los principios que has seguido ya no son válidos. La flexibilidad y la disposición para cambiar son clave en este viaje de descubrimiento personal.

Uno de los obstáculos más grandes que enfrentarás en este proceso es la presión externa. Vivimos en un mundo lleno de expectativas sociales, profesionales y familiares, y es fácil dejarse llevar por lo que otros esperan de nosotros. Sin embargo, para vivir con autenticidad, debes ser capaz de diferenciar entre lo que tú valoras y lo que otros valoran. Esto requiere coraje, ya que a menudo significa ir contra la corriente o tomar decisiones que no son populares. Sin embargo, cuando tomas decisiones basadas en tus propios valores, experimentas una sensación de paz interior que ninguna cantidad de aprobación externa puede ofrecer.

Diferenciar entre identidad personal y profesional

La identidad personal está profundamente enraizada en tus valores, creencias y carácter. Es lo que define quién eres en el núcleo de tu ser. Esta identidad es estable y constante, y no debería verse afectada por los cambios externos, como tus logros profesionales o el reconocimiento que recibes. Se construye a partir de tus principios, tus pasiones personales, y la manera en que eliges vivir tu vida. Por ejemplo, una persona puede considerar que su identidad personal está formada por su integridad, su dedicación a la familia, o su compromiso con el aprendizaje y el crecimiento personal. Estos aspectos no dependen de los cambios o desafíos del entorno laboral, sino que permanecen como una base sólida desde la cual puedes enfrentar diversas situaciones.

En contraste, la identidad profesional está relacionada con los roles que desempeñas y las responsabilidades que asumes en tu carrera. Esta identidad puede ser más fluida y adaptable, cambiando a medida que evolucionan tus roles, proyectos, o metas profesionales. La identidad profesional está ligada a tus habilidades, experiencias y resultados en el ámbito laboral. Por ejemplo, puedes ser visto como un gerente, un consultor o un especialista en un área particular. Estos roles definen lo que haces y cómo contribuyes en el contexto profesional, pero no deben definir quién eres en un sentido más amplio.

Una diferencia clave entre ambos tipos de identidad es la estabilidad versus la adaptabilidad. La identidad personal es estable y no debería estar sujeta a los altibajos de tu carrera. Esto significa que tu valor como individuo no debe depender de tus éxitos o fracasos profesionales. Por otro lado, la identidad profesional está en constante cambio, ya que las demandas del mercado y las oportunidades pueden evolucionar rápidamente. Esta adaptabilidad es natural y necesaria para el crecimiento profesional, pero debe ser manejada de manera que no comprometa tu sentido fundamental de quién eres.

Otra diferencia importante es cómo influyen en tu bienestar y satisfacción. La identidad personal proporciona una base sólida que te ayuda a mantener el equilibrio y la coherencia en tu vida. Si tienes una clara comprensión de quién eres y cuáles son tus valores fundamentales, puedes enfrentar desafíos profesionales con mayor resiliencia, porque sabes que tu valor no está ligado exclusivamente a tu desempeño laboral. En cambio, la identidad profesional, al estar en constante evolución, puede ser una fuente de estrés si tu bienestar y autoestima están demasiado atados a los resultados y reconocimientos en el trabajo.

La confusión entre estos dos tipos de identidad puede llevar a una serie de problemas. Cuando permites que tu identidad profesional se convierta en el principal definidor de tu valor personal, te expones a una dependencia excesiva de factores externos. Esto puede llevar a una sensación de inseguridad, ansiedad y un ciclo constante de búsqueda de validación. Además, puede afectar tus relaciones personales y tu equilibrio emocional, ya que tu sentido de valor puede fluctuar con los cambios en tu carrera.

Uno de los mayores errores que cometemos es atar nuestra autoestima y valor personal a los logros que alcanzamos en nuestra carrera. Cuando hacemos esto, corremos el riesgo de vernos a nosotros mismos únicamente a través de la lente del éxito o el fracaso profesional. El problema es que, inevitablemente, las circunstancias externas varían. A veces prosperamos, otras veces nos enfrentamos a fracasos. Si nuestra identidad está completamente ligada a nuestro desempeño laboral, nuestra autoestima fluctúa junto con esas circunstancias. Separar quién eres de lo que haces no significa que el trabajo carezca de valor, sino que tu valor como persona no puede estar condicionado a tu ocupación.

Una forma eficaz de mantener esta separación es dedicar tiempo y energía al autoconocimiento. Cuando inviertes en conocerte a ti mismo fuera del contexto laboral, te das cuenta de que tu valor no está determinado por lo que haces, sino por quién eres como ser humano. Tus relaciones personales, tu bienestar emocional, tus intereses y pasiones fuera del trabajo te recuerdan que eres una persona completa, no solo una herramienta de productividad.

Además, al establecer límites claros entre lo personal y lo profesional, te das la libertad de desarrollarte plenamente en ambos ámbitos. Cuando entiendes que tu identidad personal está firmemente enraizada en tu carácter y valores, puedes abordar tu trabajo con una mayor libertad. Te vuelves más audaz, más creativo y más resiliente, porque entiendes que, aunque puedas fracasar o cometer errores en el ámbito profesional, esos fracasos no definen tu valor intrínseco como individuo. Mantener una sana distancia emocional del trabajo te permite tomar riesgos calculados y enfrentar los desafíos con una perspectiva más equilibrada.

También es útil recordar que las personas no son los roles que desempeñan. Tu posición en una organización o el reconocimiento que recibes por tus logros profesionales no son reflejos completos de tu identidad. Estos aspectos pueden describir lo que haces, pero no tienen el poder de definir quién eres. Las personas que logran establecer esta distinción son más capaces de lidiar con el estrés, la presión y las críticas que inevitablemente surgen en el ámbito laboral, porque ha anclado su autoestima en algo más profundo que los resultados que obtienen.

Conectar con lo que te inspira: El camino hacia una vida auténtica

A menudo, las instituciones, sean religiosas o de otro tipo, pueden imponer límites que no reflejan la verdadera fuente de nuestra inspiración. En mi experiencia personal, me encontré en una situación donde sentía que tenía que cumplir con ciertas expectativas para ser aceptada o para estar en sintonía con lo divino. Sin embargo, descubrí que estos límites eran creados por personas y no reflejaban lo que realmente me inspiraba. El verdadero llamado proviene de un lugar sin restricciones, donde nuestra alma puede expresarse plenamente y encontrar su propósito sin limitaciones impuestas.

En mi camino, descubrí que estaba dedicando mi vida a actividades que creía que eran parte de mi misión, pero que en realidad me alejaban de lo que verdaderamente me atraía. Aunque participaba activamente en mi comunidad, sirviendo en la iglesia y siguiendo sus misiones, me di cuenta de que lo hacía más por obligación que por auténtica inspiración. El verdadero propósito para mí no era simplemente seguir reglas o expectativas impuestas por otros, sino encontrar aquello que enciende mi pasión y me mueve a actuar desde el corazón.

La vida en plenitud no consiste en cumplir con un conjunto rígido de normas, sino en descubrir lo que realmente nos estimula y nos impulsa a actuar. La libertad y la abundancia están disponibles cuando conectamos con nuestras pasiones más profundas. La inspiración nos permite romper con las limitaciones que nos impiden vivir con autenticidad, y nos da el poder de alinearnos con lo que realmente nos mueve desde el interior.

Después de muchos años siguiendo expectativas externas, me di cuenta de que había descuidado áreas cruciales de mi vida, como mi familia y mi bienestar personal. En este proceso de restauración, comprendí que lo esencial es reconectar con aquello que realmente me llena. A veces, es necesario detenernos, reevaluar lo que nos impulsa y redirigir nuestro camino para alinearnos con lo que realmente nos motiva a ser mejores.

Dios nos ha dado la capacidad de actuar con libertad y autenticidad, pero somos nosotros quienes debemos encontrar lo que realmente nos apasiona, por supuesto equilibrado con nuestros valores espirituales. No estamos aquí solo para cumplir con reglas o expectativas ajenas, sino para conectar con nuestra inspiración más profunda y traer esa luz al mundo. Cada uno de nosotros tiene un propósito único, y es a través de esa conexión con lo que nos inspira que podemos hacer una verdadera diferencia en nuestras vidas y en la vida de los demás.

Es vital vivir de acuerdo con lo que nos atrae, en lugar de conformarnos con lo que otros esperan de nosotros. La inspiración nos permite cumplir nuestro verdadero propósito y contribuir al mundo de una manera auténtica. En mi caso, el proceso de reconectar con lo que realmente me motiva me ha permitido reconstruir relaciones y encontrar el equilibrio entre mi vida personal y mi propósito espiritual.

Vivir con autenticidad y conectar con nuestra inspiración nos da la libertad de actuar con propósito y autoridad, trayendo a la realidad lo que más profundamente nos motiva.

Rompiendo barreras y siguiendo lo que nos inspira, podemos experimentar una transformación profunda en nuestras vidas. Al principio, me dejé guiar ciegamente por las expectativas de mis líderes espirituales, creyendo que esa era la mejor manera de cumplir con mi propósito. Sin embargo, al seguir ese camino, me di cuenta de que no estaba realmente inspirada, sino atrapada en una prisión de conformidad.

Decidí romper con esas estructuras y comenzar a seguir lo que realmente me inspira. Aunque fue un proceso difícil, descubrí que la verdadera inspiración y el verdadero propósito no dependen de cumplir con expectativas externas, sino de vivir de acuerdo con lo que enciende nuestra alma. Al hacerlo, podemos restaurar nuestras vidas y centrarnos en lo que verdaderamente importa.

La autenticidad y la inspiración son las claves para vivir una vida plena. He aprendido que, incluso cuando enfrento críticas o dificultades, debo seguir adelante con lo que me motiva desde el interior. La conexión con lo que realmente me inspira me ha permitido superar los obstáculos y mantenerme enfocada en lo que verdaderamente quiero lograr.

Capítulo 6: Herramientas para la vida

"No podemos estar en modo de supervivencia. Tenemos que estar en modo de crecimiento".

Jeff Bezos

Para mí, un plan de aprendizaje es esencial, aunque abandoné la escuela a una edad temprana, he aprendido que la dedicación y la curiosidad son fundamentales. He encontrado que el aprendizaje no se limita a las aulas; es algo que se puede cultivar a través de libros y experiencias. Leer sobre temas que me interesan y que me ayudan a mejorar en áreas específicas de mi vida ha sido clave para mi crecimiento personal y profesional. Los libros no solo amplían mi conocimiento, sino que también me proporcionan claridad y me motivan a seguir avanzando.

Actualmente, me dedico a aprender constantemente y a aplicar ese conocimiento en mi vida. Leo muchos libros sobre desarrollo personal, y este hábito me ha proporcionado una visión más clara de mis emociones y pensamientos. La lectura me ha permitido sanar y construir una base sólida para mi crecimiento. A veces, noto que hay lagunas en mi conocimiento, y cuando eso ocurre, busco libros que llenen esos vacíos. Esta práctica me proporciona la motivación y el impulso necesarios para seguir creciendo.

Mi pasión por el aprendizaje ha evolucionado. Anteriormente, tenía una adicción a comprar zapatos, pero ahora mi interés se ha desplazado hacia la compra de libros. Encuentro una gran satisfacción en tener y leer libros, ya que me ayudan a expandir mi mente y a fortalecer mis habilidades. También valoro mucho la conexión con comunidades de aprendizaje, ya que interactuar con personas que buscan mejorar en sus áreas individuales es enriquecedor. Ver los resultados de este enfoque en mi vida y en mi negocio confirma la importancia de invertir tiempo en la educación y el desarrollo personal.

He aprendido que no es necesario ser el más inteligente en una sala, sino estar dispuesto a aprender de los demás. Mi deseo de aprender me impulsa a enseñar y aconsejar a otros. Siempre estoy buscando maneras de mejorar tanto a nivel personal como en mi negocio. He observado cómo mis mentores y colegas, que también valoran el aprendizaje continuo, han alcanzado grandes logros. Esta observación refuerza mi creencia en la importancia de seguir educándome.

Un ejemplo inspirador es un mentor que conozco, quien siempre está comprando libros y aprovechando cada oportunidad para aprender. Su entusiasmo por la lectura y el aprendizaje constante es evidente. La fortaleza mental y el crecimiento personal provienen de esta actitud de estudiante perpetuo. La lectura y el aprendizaje no solo enriquecen la mente, sino que también proporcionan herramientas para superar desafíos y alcanzar nuevas alturas.

El conocimiento y la educación son herramientas poderosas. La lectura diaria, incluso por solo veinte minutos, puede transformar tu vida. Este hábito enriquece la mente y expande tus habilidades, permitiéndote alcanzar metas más altas. La tecnología ha facilitado el acceso a libros y recursos educativos, eliminando barreras y haciendo que el aprendizaje sea más accesible que nunca. Si bien el entretenimiento y otras distracciones pueden ser tentadores, la educación sigue siendo una prioridad para mí.

En fin, el aprendizaje continuo, la lectura y la participación en comunidades de conocimiento son vitales para el crecimiento personal y profesional. Estos hábitos no solo me han ayudado a mejorar, sino que también han influido en mi entorno y en la forma en que me conecto con otros. La pasión por aprender y crecer es una parte esencial de mi vida, y sé que este enfoque me llevará a alcanzar nuevas metas y a tener un impacto positivo en mi vida y en la de los demás.

"El aprendizaje continuo es tu mayor aliada,
proporcionando estrategias y fortalezas para enfrentar
obstáculos y avanzar hacia una vida plena."

Ingrid Estrada

Aprendiendo a priorizarte y a invertir en ti

Recuerdo cuando mis hijos eran pequeños. Siempre llegaba al final en la lista de prioridades, ya que ellos tenían sus closets llenos de ropa mientras yo buscaba qué ponerme. Como mamá o esposa, a menudo nos dejamos para lo último. Aprender a invertir en uno mismo es fundamental, y es algo que he internalizado profundamente.

Mis mentores me enseñaron que somos terrenos fértiles, capaces de florecer cuando invertimos en nosotros mismos. La inversión personal no solo mejora nuestra vida, sino que también puede generar retorno, porque lo que ofrecemos al mundo está directamente relacionado con nuestro crecimiento personal. Esto es algo que siempre resuena con la sabiduría de quienes admiro. Uno de mis mentores favoritos es un experto en el campo de los negocios, conocido por su enfoque intenso y por su colección interminable de libros, lo que me recuerda que el aprendizaje nunca se detiene.

En el mundo del emprendimiento, es fundamental mantenerse por lo menos diez pasos adelante de tus clientes. Esto requiere una mentalidad abierta y en constante evolución. Si tienes una mentalidad limitada o de escasez, eso frenará tus posibilidades. Las metas claras y la visión son imprescindibles para avanzar. Si no tienes un plan definido, tu subconsciente te mantendrá en la zona de confort, protegiéndote de lo desconocido, pero impidiéndote avanzar.

Las afirmaciones positivas sobre quién eres y lo que quieres alcanzar son poderosas. Ver a tus hijos esforzarse y estudiar con dedicación puede inspirarte a aplicar la misma intensidad en tu propio crecimiento. Cuando afirmas lo que deseas y alineas tu mentalidad con esas metas, el universo comienza a trabajar a tu favor.

Recuerda que cada uno de nosotros tiene una historia única y un camino propio. No necesitas compararte con los demás ni tratar de ser como ellos. La autenticidad es lo que te hará sobresalir en tu negocio y en tu vida. Nadie puede hacer lo que tú haces con la misma pasión y perspectiva. En lugar de enfocarte en lo que hacen otros, concédele valor a tu propia trayectoria y a lo que aportas.

A medida que trabajas en ti misma, también inspiras a quienes te rodean, incluyendo a tus hijos. Ellos observan y aprenden de tus acciones. Cuando ven a su madre persiguiendo sus sueños y cuidando de sí, aprenden la importancia de hacer lo mismo. No permitas que el tiempo pase sin hacer lo que realmente deseas. Toma el control de tu vida, establece metas claras, y empieza a trabajar hacia ellas. Todo empieza contigo y con la decisión de priorizarte, para que puedas ser el mejor ejemplo para tus seres queridos y lograr todo lo que te propones.

La importancia de manejar tu tiempo y emociones para el éxito

Es esencial aprender a gestionar tu agenda diaria de manera efectiva. Esta lección la aprendí cuando me uní a una comunidad que ha transformado mi vida. A pesar de que tenía miedo y carecía de recursos económicos, tomé la decisión de arriesgarme, y fue una de las mejores decisiones que he tomado. Mis mentores, Carlos García y Alexander Vásquez de Consul Experience, han sido fundamentales en mi desarrollo personal y profesional. Ellos me han enseñado a manejar mi tiempo, a cultivar relaciones saludables y a desarrollar inteligencia emocional.

Aprender a manejar nuestras emociones es vital, especialmente para nosotras, las mujeres latinas, que somos apasionadas con lo que hacemos y, a veces, reaccionamos sin pensar. La inteligencia emocional nos permite responder en lugar de reaccionar impulsivamente. Esto es fundamental porque, a menudo, las palabras dichas en un arrebato pueden causar más daño del que imaginamos. La habilidad de controlar nuestras emociones nos permite tomar decisiones con claridad, tanto en nuestras vidas personales como en los negocios.

La gestión del tiempo y la productividad

La diferencia entre un día productivo y uno improductivo radica en la gestión del tiempo. La falta de una agenda diaria o de metas claras puede llevar a la frustración y al enojo, porque sentimos que el día se nos escapa sin lograr nada significativo. Por eso, es importante establecer una rutina y metas diarias que nos ayuden a mantenernos enfocadas y en control de nuestro tiempo.

Lo que haces también impacta a tus hijos. Ellos observan y aprenden de tu ejemplo. Si manejas tu tiempo de manera efectiva y muestras cómo te enfocas en tus prioridades, ellos aprenderán a hacer lo mismo. Yo, por ejemplo, trabajé mucho cuando mis hijos eran pequeños y no pude estar presente en sus vidas como me hubiera gustado. Ahora, como adultos, intento enseñarles las lecciones que he aprendido en estos últimos seis años. A través del mensaje del reino de Dios, he transformado mi mentalidad y mi corazón, aprendiendo a hacer lo que es verdaderamente importante.

Reconociendo tu valor y potencial

Es fundamental recordar que tú eres valiosa y que tienes el poder de hacer cosas increíbles tanto para ti como para tu familia. Dios nos ha dado deseos en nuestro corazón, y esos deseos son legítimos. No se trata de conformarse, sino de pedir más y trabajar hacia esas metas. El dinero tiene una energía que quiere fluir hacia lugares de propósito y claridad. Si estás enfocada en preocupaciones cotidianas y no tienes un plan claro, eso limita la manifestación de abundancia en tu vida.

Accionando para el crecimiento

¿Por dónde comenzar? La clave está en tomar acción. No basta con leer libros o aprender teoría; debes poner en práctica lo que aprendes. Esto puede comenzar con un simple acto de escribir tus metas y deseos. Personalmente, me gusta escribir a mano, con la mano izquierda, la que está más cerca del corazón.

Escribo sobre mis sueños para mis hijos, mi familia, mis nietos y para las futuras generaciones. Al escribir, estás concretando tus intenciones y dando el primer paso hacia su realización.

Analizando los hechos

Toma las riendas de tu vida, gestiona tu tiempo con sabiduría, y controla tus emociones para tomar decisiones claras y efectivas. Recuerda que tú tienes un valor incalculable y que tus acciones tienen el poder de transformar tu vida y la de quienes te rodean. Atrévete a pedir más, a querer más y a actuar en función de tus sueños.

La riqueza no se mide solo en términos económicos, sino también en la calidad de las relaciones y en la plenitud que sientes al vivir de acuerdo con tus valores y propósitos.

Las lecciones de "El hombre más rico de babilonia" y su impacto transformador

"El hombre más rico de babilonia" es un libro que ha dejado una huella profunda en muchas vidas gracias a la claridad con la que transmite principios financieros universales, por tal razón recomiendo su lectura. A través de relatos ambientados en la antigua Babilonia, George S. Clason comparte enseñanzas prácticas que pueden aplicarse a cualquier situación, independientemente del tiempo, nivel de ingresos o conocimientos financieros. Estas lecciones han demostrado ser herramientas poderosas para alcanzar la estabilidad y el crecimiento financiero.

La importancia del ahorro

Una de las primeras y más significativas enseñanzas del libro es el hábito de ahorrar al menos el 10% de los ingresos. Clason lo presenta como una regla fundamental para construir riqueza. Este principio no solo permite acumular recursos para futuros proyectos o imprevistos, sino que también fomenta una mentalidad de disciplina y autocontrol.

Esta idea, aunque sencilla, es transformadora. Muchas personas creen que ahorrar es imposible debido a sus circunstancias actuales. Sin embargo, el libro demuestra que el cambio no depende de cuánto se gana, sino de decidir conservar una parte de lo que se recibe. Este hábito, implementado de manera constante, se convierte en la base para cualquier mejora financiera.

Manejo inteligente de las deudas

Otra lección relevante del libro es la forma de abordar las deudas. El autor aconseja que, si bien es importante pagarlas, no se debe sacrificar todo el ingreso para hacerlo. Destinar una porción razonable a saldar deudas, mientras se mantiene una vida equilibrada, es clave para evitar el agotamiento financiero y emocional.

Este enfoque ayuda a las personas a salir del círculo vicioso de las deudas de manera más efectiva y sostenible. Además, promueve la idea de no adquirir compromisos financieros innecesarios en el futuro, aprendiendo a vivir dentro de las posibilidades reales.

Invertir en uno mismo

Por otra parte, el libro también resalta la importancia de aumentar los ingresos a través del aprendizaje y el desarrollo personal. En el libro, se anima a invertir en conocimientos y habilidades que permitan mejorar las oportunidades laborales o emprender nuevas iniciativas. Este consejo subraya que el verdadero valor no radica únicamente en el dinero, sino en la capacidad de cada persona para generarlo.

La autoeducación y la búsqueda de mentores son pasos fundamentales para avanzar financieramente. El libro invita a aprender de quienes han logrado el éxito y a aplicar esas lecciones en la vida diaria. Esto abre la puerta a un crecimiento constante y a la posibilidad de superar cualquier limitación actual.

El valor del presupuesto

El manejo responsable del dinero es otro tema recurrente en el libro. Crear un presupuesto que permita cubrir necesidades esenciales, pagar deudas y ahorrar al mismo tiempo es una estrategia fundamental para mantener el equilibrio financiero. Este enfoque evita el desperdicio y garantiza que cada moneda tenga un propósito definido.

Un presupuesto no solo ayuda a controlar los gastos, sino que también da claridad sobre las prioridades financieras, fomentando una toma de decisiones más consciente y alineada con los objetivos personales.

Generar ingresos pasivos

El libro también introduce la idea de hacer que el dinero trabaje para ti, lo que hoy conocemos como ingresos pasivos. A través de historias como la de Arkad, el hombre más rico de Babilonia, se destacan ejemplos de cómo invertir los ahorros en oportunidades que generen rendimientos con el tiempo.

Aunque las circunstancias actuales puedan parecer diferentes, el principio sigue siendo relevante. Identificar inversiones seguras y rentables, ya sea en negocios, bienes raíces u otros instrumentos financieros, es una forma de construir riqueza a largo plazo.

Un legado de impacto

La belleza de las enseñanzas de "El hombre más rico de babilonia" radica en su aplicabilidad universal. Estas lecciones no requieren conocimientos técnicos ni grandes ingresos para comenzar a implementarse. Por el contrario, están diseñadas para ser entendidas y aplicadas por cualquier persona, sin importar su contexto o experiencia previa con las finanzas.

Quienes han leído este libro y puesto en práctica sus principios han compartido historias inspiradoras de cómo estas simples ideas han cambiado sus vidas. Desde personas que lograron saldar deudas significativas hasta otras que empezaron a ahorrar por primera vez en años, el impacto de estas enseñanzas es evidente.

Al final, este contenido no es solo un libro sobre finanzas, sino una guía práctica para construir una vida más estable y próspera. Su mensaje es claro: no importa dónde estés hoy, siempre puedes dar el primer paso hacia un futuro mejor.

Empoderarte financiera y profesionalmente

Si estás en el camino del emprendimiento, especialmente como mujer, quiero compartir una recomendación fundamental que puede marcar la diferencia entre el éxito sostenido y los tropiezos constantes: adquirir conocimientos básicos sobre finanzas personales. No importa en qué etapa de tu vida o negocio te encuentres, entender los principios esenciales de la gestión del dinero es una habilidad que empodera y proporciona claridad para tomar decisiones inteligentes.

¿Por qué es imprescindible?

El emprendimiento requiere más que pasión y talento; también demanda control sobre tus recursos financieros. Conocer el flujo de dinero en tu vida personal te permite manejar mejor las finanzas de tu negocio. Sin un entendimiento claro de conceptos básicos como ingresos, gastos, ahorro e inversión, el riesgo de cometer errores costosos es mucho mayor.

Por otro lado, al dominar lo esencial de las finanzas personales, desarrollas una base sólida desde la cual puedes crecer con confianza. Cuando sabes manejar tu dinero, disminuyes el estrés financiero, tomas decisiones efectivas y, lo más importante, adquieres una independencia que te libera de depender exclusivamente de terceros. Para las mujeres, esto es especialmente fundamental, ya que históricamente hemos enfrentado barreras que nos limitan a la hora de gestionar nuestras finanzas.

Las desventajas de ignorar este conocimiento

No tener formación en finanzas personales puede llevar a una serie de problemas que, aunque al principio parezcan pequeños, con el tiempo se convierten en obstáculos significativos:

- Mal manejo del presupuesto: Sin una idea clara de cuánto ingresas y gastas, es fácil perder el control y encontrarte en una situación de déficit recurrente. Esto afecta tanto tu vida personal como el desarrollo de tu negocio.

- Falta de ahorro e inversión: Si no entiendes cómo priorizar tus recursos, ahorrar se convierte en un desafío y las oportunidades de inversión pasan desapercibidas. Esto te impide construir un respaldo para imprevistos o un futuro financiero estable.

- Dependencia de otros: La falta de conocimientos financieros puede hacerte sentir insegura, llevándote a delegar estas decisiones a terceros que no siempre actuarán en tu mejor interés.

- Estrés financiero constante: Sin control ni planificación, el dinero se convierte en una fuente de preocupación constante, afectando no solo tu negocio, sino también tu bienestar emocional.

¿Dónde puedes adquirir conocimientos de valor?

En la actualidad, acceder a información útil y práctica sobre finanzas personales es más sencillo que nunca. A continuación, te dejo algunas opciones accesibles y efectivas:

1. Libros sobre finanzas personales: Existen muchos textos básicos y bien estructurados, como "Padre rico, padre pobre" de Robert Kiyosaki; "Los secretos de la mente millonaria" de T. Harv Eker; "La transformación total de su dinero" de Dave Ramsey; "Dinero: domina el juego" de Tony Robbins, entre muchos otros. Estos libros explican principios fundamentales de manera fácil de entender.

2. Cursos en línea: Plataformas como Coursera, Udemy y Domestika ofrecen cursos asequibles sobre presupuesto, ahorro e inversión.

3. Podcasts y blogs: Hay numerosos creadores de contenido dedicados a educar sobre finanzas personales. Algunos de ellos abordan específicamente la perspectiva de las mujeres y los emprendedores.

4. Asesoría financiera profesional: Si prefieres un enfoque personalizado, considera contratar a un asesor financiero que pueda guiarte en función de tus objetivos.

¿Qué debes aprender?

No necesitas ser experta, pero sí adquirir conocimientos básicos que te permitan tomar decisiones informadas. Aquí hay algunos puntos clave que toda emprendedora debería dominar:

- Presupuestar y priorizar gastos. Aprende a crear un presupuesto realista que contemple tus ingresos, gastos fijos y variables, así como un apartado para ahorro. Saber priorizar en qué invertir tu dinero es fundamental para mantener tus finanzas equilibradas.
- Ahorrar de forma constante. Tener un fondo de emergencia debe ser una prioridad. Este ahorro puede ser tu respaldo en caso de imprevistos personales o problemas en tu negocio.
- Entender la diferencia entre deudas buenas y malas. No toda deuda es mala. Las deudas que generan ingresos o potencian tu negocio pueden ser positivas, pero debes saber identificar cuáles son las adecuadas y cómo manejarlas.
- Invertir de forma estratégica. Familiarízate con opciones de inversión básicas, como cuentas de ahorro con rendimientos, fondos indexados o bienes raíces. Esto no solo multiplica tu dinero, sino que también asegura un futuro más estable.
- Impuestos y obligaciones legales. Si eres emprendedora, es importante conocer tus obligaciones fiscales. Una buena gestión de impuestos evita problemas legales y mejora la rentabilidad de tu negocio.

Un compromiso personal y profesional

Actualmente, he comenzado a formarme en este aspecto y puedo decir que la sensación de estar evolucionando tanto personal como profesionalmente es invaluable. Reconocer lo importante que es este conocimiento me ha motivado a compartir esta recomendación con mujeres emprendedoras como tú.

No subestimes el impacto de entender y controlar tus finanzas personales. Este aprendizaje no solo te permitirá liderar con más confianza tu negocio, sino también construir una vida equilibrada y llena de oportunidades. Toma el control de tu dinero; es el primer paso hacia una independencia real y sostenible.

Capítulo 7: El perdón y la autocompasión

"El que tiene fe en sí mismo no necesita que los demás crean en él".

Miguel de Unamuno

En el transcurrir de mi existencia, he aprendido mucho de mis errores y, aunque la gente a menudo ve equivocarse como algo negativo, en realidad, es una herramienta poderosa para avanzar. El miedo a cometer errores puede paralizarnos, pero enfrentar esos errores y aprender de ellos nos brinda una oportunidad invaluable para crecer. Es sorprendente cómo este enfoque de aprender de los errores puede transformar la manera en que avanzamos en nuestra vida y en nuestros negocios.

El proceso de aprender de los errores no es fácil, pero es esencial. Personalmente, me ha sorprendido cómo este enfoque me ha ayudado a mejorar, tanto en mi vida personal como en mi negocio. He visto cómo los errores y los desafíos me han permitido entender mejor mis emociones y mejorar mi inteligencia emocional. A veces, podemos sentir que ciertas áreas de nuestra vida están estancadas, pero al enfrentar estos desafíos con una mentalidad abierta, podemos superar barreras que antes parecían insuperables.

El perseverar y no rendirse, incluso cuando enfrentamos dificultades, es algo vital. Salir de nuestra zona de confort y romper barreras es fundamental para alcanzar nuestras metas. A veces, la diferencia entre el éxito y el fracaso es la decisión de seguir adelante, a pesar de las dificultades. Mi experiencia me ha enseñado que, aunque no terminé mis estudios formales, he podido aprender y crecer a través de las enseñanzas de otros. Estos recursos me han dado la fortaleza para continuar persiguiendo mis sueños con pasión.

Aunque mi camino no fue el típico, he aprendido a encontrar mi propio éxito y a compartir ese conocimiento con otros. Ver la transformación en mis clientes y en mí misma me motiva a seguir adelante. Cada sesión de coaching y cada nota que escribo, son parte de mi viaje hacia el cumplimiento de mis metas. La clave es mantener el enfoque y no dejar que las opiniones de los demás nos desvíen de nuestro propósito.

El enfoque y la persistencia son esenciales para acercarnos a nuestros sueños. He visto que, al mantenerme enfocada, mis sueños se vuelven más alcanzables. Aunque no todos estarán de acuerdo o te apoyarán, lo importante es seguir adelante y tomar acción. Aprender es relevante, pero la acción con base a lo aprendido, es lo que realmente impulsa el cambio.

Por tal razón siempre hago énfasis en lo mismo, no te preocupes si cometes errores; lo importante es aprender de ellos y seguir adelante. Mi consejo es equilibrar el aprendizaje con la práctica. No basta con acumular conocimientos; también es necesario aplicarlos para ver resultados. La experiencia me ha enseñado que es más valioso tomar acción, incluso si eso significa cometer errores en el proceso.

"El perdón trae libertad; te permite soltar el pasado y avanzar con aceleración, sin que las heridas controlen tu vida."

Ingrid Estrada

Dominando mis emociones en el mundo empresarial

Recuerdo claramente una etapa en mi vida laboral en la que si un hombre me alzaba la voz, yo respondía con la misma intensidad, dispuesta a dejar claro mi punto de vista. He trabajado con muchos hombres que no siempre aprecian cuando una mujer se atreve a actuar a su mismo nivel. El ámbito en el que me desenvuelvo puede ser muy competitivo y, a veces, despiadado. Tengo la personalidad y la capacidad para enfrentar estos retos, pero también sé que debo manejar mis emociones con inteligencia. Si no aplicara esto a diario, me encontraría en constantes problemas con mis clientes, quienes, en muchos casos, no saben cómo comunicarse o no les interesa hacerlo de manera respetuosa.

Es fundamental no dejar que la forma en que otros me traten dicte mi manera de reaccionar. Esto es algo que quiero compartir contigo: no reacciones simplemente basándote en cómo las personas te ven o te hablan. Si tú conoces bien quién eres, no necesitas la validación de nadie más. Ahí es donde reside la verdadera fortaleza de tu identidad: caminar en armonía con lo que sabes que eres, sin importar cómo te perciban los demás. Si alguien no ve su propio valor, es poco probable que vea el tuyo, y eso no debería determinar tu respuesta ni la manera en que manejas las situaciones.

He aprendido de mis fallas, especialmente de aquellos momentos en los que he reaccionado impulsivamente y luego me he sentido frustrada, como si hubiera dejado que la otra persona ganara. Por eso, trato siempre de aplicar inteligencia emocional en mis interacciones. Gracias a mis mentores, he aprendido a manejar mis sentimientos y a diagnosticar mis propias reacciones. Esto me ha enseñado que si uno sabe manejar sus emociones, puede manejar grandes responsabilidades en los negocios. Las decisiones importantes no deben tomarse en base a como te sientes.

Actividades como la meditación, las afirmaciones diarias y expresar gratitud son esenciales. A menudo, subestimamos su importancia, pero son fundamentales para mantenernos presentes y ser capaces de ejecutar nuestras responsabilidades diarias de manera efectiva. Tal vez pienses que no tienes tiempo para incorporar estas prácticas en tu vida, pero sí lo tienes si aprendes a delegar, a reconocer quién eres y a definir tus metas. Esto te permitirá manejar no solo tu hogar, sino también crecer en las áreas que son importantes para ti y para las personas que te rodean.

El poder del amor en cada proyecto

Desde el principio, uno siempre busca mejorar y encontrar nuevas oportunidades. He aprendido a lo largo de los años, mientras construyo mi negocio, que el amor debe estar en el centro de todo lo que hacemos. Todo lo que hagas debe ser impulsado por el amor hacia tu audiencia y tus clientes. Este amor es lo que transforma a tus clientes y les muestra que estás genuinamente comprometido con su bienestar.

El cliente no se preocupa tanto por los detalles técnicos; lo que realmente le importa es saber que a ti te importa su necesidad o requerimiento y que estás dispuesta a ayudar. Cuando tus clientes ven que estás genuinamente interesada en hacer un cambio positivo en sus vidas, es cuando empiezan a confiar en ti y a creer en los resultados que puedes ofrecer. Esta confianza se construye cuando tu dedicación y amor son evidentes en tu trabajo.

He aprendido que, incluso en los momentos más difíciles, no debes rendirte. Si encuentras que no estás alcanzando tus metas, empieza de nuevo. Cada nuevo comienzo no es una derrota, sino una oportunidad para aplicar lo que has aprendido y mejorar. No te detengas, sigue adelante, incluso si sientes que estás empezando desde cero.

El proceso de construir algo nuevo a menudo implica superar obstáculos y romper barreras. Como al construir una casa, primero debes trabajar en los cimientos y luego en la estructura. En el negocio, esto significa identificar y superar las limitaciones personales y profesionales que puedan estar frenándote.

A lo largo de mi experiencia, he descubierto que reconocer mi propio valor y aprender a amarme a mí misma ha sido fundamental. A veces, es fácil enfocarse en las cualidades de los demás y olvidar las propias fortalezas. Pero al entender que no importa si cometes errores, estos son oportunidades para aprender y crecer. Cada fallo es una lección que te guía hacia una mejor versión de ti misma.

Los mentores que sigo siempre están en constante evolución y aprendizaje. Ellos demuestran que nunca dejamos de aprender y mejorar. A medida que la tecnología y el mundo avanzan, también debemos adaptarnos y seguir aprendiendo. Mantente en contacto con personas que te apoyen y no te desanimes si aquellos a quienes esperabas apoyo no lo ofrecen. Protege tus sueños y construye con determinación, rodeándote de quienes te impulsan hacia adelante.

El poder del propósito y la resiliencia

Entender el por qué detrás de lo que haces es fundamental. Este propósito es la base sobre la que construirás tu camino hacia el éxito. Saber el motivo de tus acciones te mantiene enfocada y clara sobre tus objetivos. Muchas personas no tienen esta pasión ni sueño, y está bien si no lo quieren hacer. Sin embargo, si tú estás decidida a seguir adelante, incluso en los momentos más difíciles, es vital recordar que mientras sigas respirando, siempre hay una solución.

Cada problema tiene su respuesta; lo importante es creer que puedes encontrarla. Afirma que tienes la capacidad para enfrentar los desafíos y que estás diseñado para superar obstáculos. Este tipo de afirmaciones te ayudarán a mantener una mentalidad positiva, crucial para avanzar. Aunque puedas sentirte abatido o cansado, recuerda que el poder de tu mente y de tus pensamientos es enorme. Mantente firme en tus creencias y en tu capacidad para lograr tus metas.

El éxito requiere consistencia y enfoque. En mi experiencia, he visto cómo actuar con determinación y visualizar mis objetivos me ha ayudado a moverme hacia ellos. La creación de tus sueños requiere que mantengas una frecuencia de pensamiento alineada con tus metas. Al decir "no" a distracciones y a lo que no contribuye a tu propósito, demuestras tu enfoque y compromiso. Esto puede ser visto como una fortaleza y no como un insulto; es una herramienta poderosa para mantenerte en el camino correcto.

Es esencial que comprendas que tú eres una persona valiosa con un propósito. Dentro de ti hay un potencial inmenso que necesita ser liberado. La resiliencia es clave; debes seguir practicando y avanzando, incluso cuando enfrentes rechazo o dificultades. La historia está llena de ejemplos de personas que han perseverado a pesar de los fracasos y los rechazos. La clave está en no rendirse y seguir adelante con la fe y la determinación.

Incluso cuando enfrentas desafíos personales, como la enfermedad de un ser querido, la resiliencia y la fe en un propósito mayor te ayudan a seguir adelante. La confianza en que estás haciendo lo correcto y que tu trabajo traerá los resultados esperados es fundamental. Saber que estás cumpliendo con tu propósito te brinda la fortaleza para superar cualquier adversidad.

Afronta cada obstáculo con la certeza de que el amor y el apoyo divino te acompañan. Tu identidad y claridad son cruciales para manejar cualquier dificultad. Mantén tu visión y tu propósito claros, y no dejes que las adversidades te desvíen de tu camino. Sigue adelante con la seguridad de que el esfuerzo y la perseverancia te llevarán hacia una vida de abundancia, que es lo que se quiere para ti.

Recuerda que, a pesar de las dificultades, cada paso que das hacia adelante te acerca a tus metas. La resiliencia, la claridad y el amor son tus aliados más poderosos en este viaje.

El poder transformador de la autocompasión

La autocompasión es, en esencia, tratarte a ti mismo con la misma calidez, apoyo y empatía que ofrecerías a un amigo cercano que está pasando por un mal momento. Expertos en bienestar emocional recomiendan practicar este tipo de autocuidado, ya que investigaciones han demostrado que cuando te enfrentas a situaciones de estrés o angustia y te tratas con amabilidad, eres mucho más resiliente y capaz de superarlas con una sensación de bienestar.

Para evaluar tu nivel de autocompasión, se sugiere realizar ejercicios que te permitan reflexionar sobre cómo te tratas a ti mismo cuando atraviesas dificultades. Los especialistas sugieren utilizar herramientas disponibles en línea, como una prueba de autocompasión que mide tu capacidad de ser amable contigo mismo frente a los problemas. Los estudios han encontrado que las personas que obtienen puntajes altos en estas pruebas tienden a presentar niveles más bajos de depresión y ansiedad.

El entorno en el que creciste también puede influir en tu autocompasión. Si tus padres te brindaron apoyo emocional y validaron tus necesidades, es más probable que, como adulto, seas más cálido y comprensivo contigo mismo. Sin embargo, si fuiste criado en un ambiente crítico o negligente, es posible que te cueste más ser amable contigo mismo. Lo alentador es que, según los expertos, es posible aprender a cultivar autocompasión como adulto, incluso si no recibiste ese apoyo en tu infancia.

A medida que las personas envejecen, suelen desarrollar más autocompasión. Esto se debe, según los estudios, a que la experiencia de vida nos enseña que todos somos imperfectos y que los problemas son universales. Aprender esta lección, con el tiempo, facilita que las personas sean más comprensivas consigo mismas y, a su vez, con los demás.

Sin embargo, es importante notar que muchas personas pueden ser muy compasivas con los demás, pero extremadamente duras consigo mismas. Investigaciones muestran que desarrollar autocompasión no solo fortalece la capacidad de cuidar a los demás sin agotarse, sino que también te permite mantener tu energía emocional a largo plazo. Esto es particularmente relevante para aquellos en profesiones demandantes, como médicos o cuidadores, que a menudo priorizan las necesidades de otros sobre las propias.

Existen programas de autocompasión consciente, desarrollados por expertos, que enseñan técnicas simples pero efectivas para practicar este tipo de cuidado personal. Algo tan sencillo como colocar una mano sobre el corazón y decirte a ti mismo: "Esto fue difícil, ¿cómo puedo cuidarme ahora?" puede ayudar a cambiar patrones de autocrítica.

Estos programas han demostrado ser efectivos y están disponibles en múltiples idiomas. Además, investigaciones han revelado que practicar la autocompasión no solo mejora la salud mental, sino también la salud física. Por ejemplo, reduce la actividad de la amígdala, la parte del cerebro que controla las respuestas de miedo, y disminuye los niveles de cortisol, la hormona del estrés. También se ha observado que mejora la variabilidad del ritmo cardíaco, lo que permite una mayor flexibilidad emocional.

Cómo desarrollar la compasión hacia las personas que nos importan

Supongamos que has cometido un error importante en el trabajo o estás pasando por un momento difícil. Piensa en cómo reaccionarías si un amigo cercano o un familiar enfrentara una situación similar. ¿Qué palabras usarías para hacerles sentir que te importan y que estás ahí para apoyarlos? Esta misma calidez y comprensión que le ofrecerías a alguien más, deberías aplicártela a ti mismo. Aunque al principio puede parecer extraño, con el tiempo notarás la diferencia que hace en tu capacidad para superar los problemas.

Los especialistas recomiendan no caer en el "pensamiento positivo" forzado, como decirte que todo está bien cuando no lo está. En su lugar, es más útil reconocer la realidad y preguntarte: "Esto es difícil, pero ¿cómo puedo ayudarme a superarlo?". A largo plazo, esta actitud te permitirá mejorar más rápidamente.

En muchas ocasiones, al enfrentar dificultades, solemos criticarnos duramente con palabras como "qué tonto" o "qué estúpido". Cambiar este tipo de lenguaje por uno más compasivo es clave. El primer paso es no culparte por haberte tratado mal a ti mismo. Esta autocrítica surge de la creencia de que siendo duros con nosotros, evitaremos futuros errores, pero los especialistas señalan que esta estrategia no es efectiva. De hecho, tiene el mismo impacto negativo que ser cruel con un niño. Al principio, podría motivar una mejora, pero a largo plazo, mina la confianza y reduce las posibilidades de éxito.

Para practicar la autocompasión, es crucial recordar que no se trata de negar la realidad, sino de decir: "He fallado, pero todos fallamos; así es como aprendemos". Este enfoque es mucho más motivador y beneficioso a largo plazo. Es importante también transmitir este concepto en la educación. En lugar de fomentar el autosacrificio, debemos incluirnos en nuestro círculo de compasión. Al enseñarles a los niños a ser buenos amigos, también debemos inculcarles la importancia de ser buenos amigos consigo mismos.

Los especialistas sugieren que es útil alejarse del concepto de autoestima, que tiende a valorar a las personas en función de si tienen éxito o fracasan. En su lugar, debemos enfocarnos en la autocompasión, que reconoce el valor inherente de cada ser humano, independientemente de sus logros o fracasos. Si fallamos, en lugar de pensar "soy inútil, me doy por vencido", debemos decirnos "fallé, pero eso es humano, ¿cómo puedo mejorar?".

Aunque muchas personas tienen compasión hacia otros, como una mascota o un familiar cercano, hay quienes tienen dificultades para desarrollar esta habilidad. Los especialistas sugieren que, en estos casos, trabajar con un terapeuta puede ser útil, ya que la compasión se aprende a través del ejemplo.

En cuanto al papel de la compasión en la sociedad, los expertos consideran que debería estar en el centro de nuestras interacciones sociales. Darwin, por ejemplo, hablaba de la supervivencia del más adaptado, no del más fuerte. Como seres humanos, estamos diseñados para sentir calidez, apoyo y motivación hacia los miembros de nuestra comunidad. Sin embargo, la sociedad moderna promueve el individualismo y el éxito personal, condicionando nuestra valía a la obtención de títulos o logros materiales.

Debemos rechazar estos mensajes y recordar que nuestra valía es intrínseca como seres humanos. Incluso cuando cometemos errores, todos merecemos respeto básico, y desde ese lugar podemos reparar, aprender y crecer, tanto en nuestra relación con los demás como con nosotros mismos.

La clave está en enseñarnos a ser más amables con nosotros mismos, en educar a los más jóvenes en el amor propio y la compasión, y en rechazar la idea de que nuestro valor depende de nuestros éxitos. ¿Qué tan diferente sería nuestra vida cotidiana si aplicáramos este enfoque? ¿Cuán mejor podrían ser nuestras relaciones y nuestra felicidad si nos tratáramos con la misma compasión que mostramos hacia los demás?

Capítulo 8: Mirando en el espejo

"Si eres capaz de sentirte feliz cuando estás solo, has encontrado el secreto para ser verdaderamente feliz".

Osho

En 1914, el célebre inventor Thomas Edison vivió una de las tragedias más grandes de su vida. Un incendio devastador arrasó con su laboratorio en Nueva Jersey, destruyendo años de trabajo e investigación. En lugar de rendirse ante la desesperación, Edison observó las llamas con calma. Al día siguiente, le dijo a su hijo: "Desastre. Pero gracias a Dios, nuestros errores se quemaron. Podemos empezar de nuevo." Esta anécdota ilustra cómo Edison no solo comprendió la importancia del fracaso, sino también la del autoanálisis y la reflexión profunda para comenzar de nuevo con más claridad y determinación.

A partir de ese momento, Edison aceptó que los desafíos formaban parte del proceso de creación y éxito, y en lugar de dejarse derrotar, se enfocó en reconstruir su vida y su trabajo, aprovechando cada lección aprendida. Esta capacidad para reflexionar sobre las dificultades y transformar los obstáculos en oportunidades es algo que muchos de nosotros debemos aprender.

De la misma manera, cada persona enfrenta desafíos que, a menudo, parecen insuperables. Nos enfocamos en el caos y los errores, sin detenernos a reflexionar sobre lo que podemos aprender de ellos. Pero en lugar de buscar validación o respuestas externas, es crucial detenerse, observar el "incendio" interno, y hacer una pausa para entender qué nos dicen nuestras experiencias. Solo entonces podemos comenzar a reconstruir desde un lugar más sabio y fuerte.

Desde ese punto en mi vida, comencé a aceptar mi propio diseño, uno que no estaba definido por las expectativas ajenas. Aprendí que mi verdadero valor no se basaba en las etiquetas que solía portar, ya fueran impuestas por la sociedad o por mis propios miedos. En lugar de buscar validación externa, descubrí la libertad de vivir de acuerdo con quien realmente soy.

Muchas veces, como mujeres, nos encontramos atrapadas en roles que sentimos que debemos cumplir, como ser madres, esposas, o tener éxito profesional, pensando que esas son las únicas medidas de nuestro valor. Sin embargo, la verdadera felicidad y plenitud no vienen de cumplir con esas expectativas, sino de conocernos profundamente y sanar las heridas que llevamos por dentro.

Al igual que Edison, enfrenté mis propios incendios. A lo largo del camino, encontré una comunidad y mentores que me ayudaron a reflexionar sobre mi vida, sanar mis heridas y ver con claridad mi propósito. Este proceso me permitió restaurar mi relación conmigo misma y con los demás, y encontrar una vida más auténtica.

La clave para vivir con autenticidad es aceptar quién eres, con tus fortalezas y debilidades, y dejar atrás las máscaras que usas para complacer a los demás. Al abrazar tu verdadera identidad, descubres que tienes el poder para enfrentar cualquier adversidad y, al igual que Edison, reconstruir y crecer desde los desafíos que parecen insuperables.

"El autoanálisis te revela verdades esenciales; al conocerte profundamente, encuentras las respuestas que necesitas para transformar tu vida."

Ingrid Estrada

Autoconocimiento para la transformación

Quiero que te tomes un momento para hacerte una pregunta sencilla, pero importante: ¿cómo te sientes en este preciso instante? No respondas con el "bien" automático que sueles dar, sino de forma auténtica. Reflexiona unos segundos y encuentra una palabra que describa con precisión lo que estás experimentando ahora. Es vital que recuerdes que cada emoción, sea positiva o negativa, es pasajera. Si en este momento te sientes pleno, disfrútalo. Y si no es así, ten la certeza de que este momento también terminará y las cosas cambiarán.

Permíteme compartirte una historia diferente, pero que refleja una verdad universal sobre la importancia de conocernos a nosotros mismos. Un día, en una vasta llanura, vivían distintos animales. Cada uno de ellos estaba ocupado cumpliendo con lo que la naturaleza había destinado para ellos. Entre ellos, había una joven águila que, desde su nacimiento, había sido criada entre gallinas. El águila siempre miraba con admiración a las gallinas y trataba de imitarlas. Cada mañana, se levantaba junto a ellas y rascaba el suelo en busca de gusanos, aunque su instinto le decía que aquello no le hacía sentir completa.

Los días pasaban y, aunque las gallinas la animaban a seguir intentándolo, la joven águila no podía evitar sentir una insatisfacción profunda. "Si te esfuerzas un poco más, serás tan buena como nosotras buscando comida", le decían. Pero no importaba cuánto lo intentara, esa sensación de incomodidad no desaparecía.

Un día, mientras miraba el cielo, observó cómo un águila adulta se elevaba majestuosamente entre las nubes, deslizándose sin esfuerzo a través del viento. Algo dentro de ella despertó. En ese momento, un anciano que pasaba por la llanura notó la tristeza en sus ojos y le dijo: "Has estado viviendo como algo que no eres. No eres una gallina. Tu naturaleza no está en el suelo, sino en el cielo. Has estado escuchando lo que los demás te dicen que deberías ser, pero es hora de que prestes atención a tu verdadera esencia".

La joven águila, aunque dudosa al principio, se dejó llevar por su intuición. Con temor y emoción mezclados, extendió sus alas y se aventuró a volar por primera vez. Al sentir la brisa bajo sus alas y el poder de su vuelo, comprendió que su propósito no era vivir en el suelo, sino elevarse hacia las alturas. En ese momento, se liberó de las expectativas de los demás y abrazó lo que realmente era.

Este relato refleja una realidad que muchos de nosotros enfrentamos: pasamos gran parte de nuestras vidas intentando ser algo que no somos, siguiendo las expectativas de quienes nos rodean. Nos esforzamos por encajar en moldes que, en el fondo, no reflejan nuestra verdadera naturaleza. El autoconocimiento es la clave para liberarnos de esas limitaciones. Cuando nos conocemos y entendemos quiénes somos, comenzamos a vivir con propósito. Esa joven águila nunca habría experimentado la plenitud de su vuelo si hubiese seguido intentando vivir como una gallina.

¿Cómo saber quién eres en realidad?

Conocerse a uno mismo no es solo el primer paso hacia una vida más auténtica, sino también hacia una autoestima sólida y una verdadera realización personal. Solo cuando comprendes quién eres y cuál es tu propósito, puedes empezar a valorarte y a construir una vida que refleje tus verdaderos deseos y capacidades. Ese autoconocimiento te permite no solo aceptar tus fortalezas y debilidades, sino también reconocer las áreas en las que deseas mejorar.

Así que, la verdadera pregunta es: ¿cómo puedes empezar a conocerte mejor? Ya has dado el primer paso al interesarte en este proceso. Estás aquí porque quieres reflexionar más profundamente sobre quién eres y qué puedes hacer para vivir una vida más auténtica.

El viaje hacia el autoconocimiento no es fácil, pero es esencial. No ocurre de la noche a la mañana; es un proceso continuo de reflexión, observación y aprendizaje. A través de este camino, comienzas a descubrir tus cualidades, tus defectos, lo que te motiva y lo que te detiene. Este conocimiento es la base sobre la que se construye todo lo demás en la vida: tus relaciones, tus decisiones, tus logros. Si imaginamos nuestra vida como una pirámide, el autoconocimiento es la base sólida sobre la que se asienta todo lo demás.

Al final, si quieres alcanzar tu máximo potencial, debes comenzar por entender quién eres realmente. Deja de vivir bajo las expectativas de los demás y empieza a volar alto como el águila.

Imagina por un momento cómo te sientes en este preciso instante. Tómate un momento para reflexionar, sin apresurarte a dar una respuesta superficial. Este pequeño ejercicio es crucial porque nuestras emociones y necesidades cambian constantemente. Lo que sientes ahora pasará, ya sea algo positivo o negativo. Lo más importante es entender que conocernos profundamente es el primer paso para respetarnos y poner límites saludables a los demás.

Para poder establecer esos límites, necesitamos primero saber qué es lo que realmente necesitamos. Este es el principio del respeto propio: un conocimiento profundo de nuestras necesidades y deseos. Es imposible amarnos si no sabemos quiénes somos. Quiero que imagines que te presento a alguien por primera vez. Le das un saludo cordial a esa persona, pero no la conoces. Luego, te pido que la ames. ¿Cómo podrías hacerlo si no la conoces? Lo mismo ocurre con el amor propio. No podemos amar lo que desconocemos. El camino hacia el autoconocimiento es un proceso de autoexploración, en el que nos volvemos curiosos sobre por qué actuamos de ciertas maneras o por qué sentimos lo que sentimos.

Este viaje nos convierte en expertos de nosotros mismos, una travesía que requiere tiempo y paciencia.

A lo largo de la vida, vamos acumulando creencias, pensamientos y experiencias que nos moldean. Algunas de estas creencias pueden ser útiles, mientras que otras no lo son tanto. El proceso de autoconocimiento implica revisarlas, elegir qué nos sirve y qué no. Esta tarea de selección es esencial para nuestra madurez y bienestar emocional. Algunos sabios creen que el propósito principal de nuestra vida es conocernos a nosotros mismos. Y tiene sentido: solo a través del autoconocimiento podemos encontrar el verdadero propósito que le da sentido a nuestra vida.

La falta de autoconocimiento nos deja sintiendo un vacío profundo, una sensación de ausencia que nos acompaña constantemente. Es una sensación que no podemos ignorar, porque vivimos con nosotros mismos las 24 horas del día. Si no nos conocemos, caminamos por la vida sintiendo que algo nos falta. Y cuando sentimos ese vacío, intentamos llenarlo con cualquier cosa: exceso de comida, relaciones tóxicas, trabajo sin descanso, redes sociales, o incluso sustancias. Todo lo que hacemos para llenar ese vacío nos aleja aún más de nuestra verdadera esencia.

La distracción es nuestro enemigo

Hay quienes dicen que la raíz del sufrimiento humano es la ignorancia de uno mismo. Y tienen razón. Nos distraemos con excesos, pero la verdadera solución está en mirar hacia adentro, en conocernos. Esa es la clave. La famosa frase "conócete a ti mismo" está en todas partes, pero pocas veces nos enseñan cómo hacerlo realmente. Nos sumergimos en la rutina diaria sin cuestionarnos por qué hacemos lo que hacemos. El autoconocimiento no es algo que se logra de la noche a la mañana; es un viaje continuo que dura toda la vida, porque crecemos, evolucionamos y cambiamos constantemente.

Hay señales que nos indican cuándo es necesario iniciar este proceso de autodescubrimiento. Por ejemplo, si te cuesta describirte a ti mismo más allá de los roles que ocupas en la vida, como ser madre, esposo, psicóloga o abogado, es probable que necesites explorar más profundamente quién eres en realidad. O tal vez has adoptado etiquetas que otros te han impuesto, y ahora te cuesta salir de ellas. Estas etiquetas suelen ser afirmaciones que hemos escuchado desde pequeños, y si seguimos definiéndonos a través de ellas, no estamos verdaderamente conectados con nuestra esencia.

Otro síntoma es no saber qué cosas te gustan realmente o qué actividades te apasionan. Si no puedes identificar algo que disfrutes tanto que el tiempo pase volando, quizás debas empezar a explorar esas áreas de tu vida. También es común tener dificultades para gestionar nuestras emociones. Si te encuentras atrapado en ciclos de ira, tristeza o frustración sin saber por qué, puede ser una señal de que necesitas conocerte mejor.

Además, si sientes que repites constantemente las mismas situaciones o patrones en tu vida sin entender por qué, es posible que te estés quedando atrapado en una rutina inconsciente. El autoconocimiento es clave para romper esos ciclos y avanzar hacia una vida más plena y consciente.

Si te das cuenta de que algunos de estos síntomas resuenan contigo, no te preocupes. Sentirse un poco perdido es completamente normal. Todos pasamos por crisis existenciales en las que necesitamos dar un paso atrás y reevaluar quiénes somos. La buena noticia es que no necesitas hacer un viaje al otro lado del mundo para encontrarte a ti mismo. El autoconocimiento es un proceso cotidiano que comienza aquí y ahora, en tu vida diaria.

La vida está llena de momentos en los que nos sentimos perdidos, y eso es completamente natural. Cada vez que atravesamos una crisis, tenemos la oportunidad de conocernos a un nivel más profundo. No es necesario hacer viajes exóticos ni buscar respuestas en lugares lejanos. El autoconocimiento es una tarea cotidiana, a veces compleja, porque nadie nos enseña cómo hacerlo. Sin embargo, es posible y hay muchas formas de empezar a descubrir quién eres realmente.

Descubriendo tu identidad a través de las escrituras

El autoconocimiento es un viaje esencial para cada creyente que desea vivir conforme al propósito que Dios tiene para su vida. Más allá de los enfoques seculares, como la psicoterapia o la meditación, la Biblia nos ofrece una guía clara y profunda para entender quiénes somos en Cristo y cómo podemos avanzar hacia la plenitud espiritual, emocional y personal.

Este camino no solo nos permite conocernos mejor, sino también reconocer el amor y la dirección divina que transforman nuestras vidas.

Las escrituras nos señalan quienes somos

El primer paso en el autoconocimiento es comprender quiénes somos según la perspectiva de Dios. La Biblia declara en Jeremías 1:5: "Antes de formarte en el vientre, ya te había elegido; antes de que nacieras, ya te había apartado." Este versículo nos recuerda que nuestra identidad no está definida por las opiniones de otros o las circunstancias, sino por el diseño único y perfecto de nuestro Creador.

Al reflexionar en las Escrituras, encontramos respuestas a preguntas fundamentales: ¿Quién soy? ¿Por qué fui creado? ¿Qué propósito tiene mi vida? Al dejar que la Palabra de Dios ilumine estas áreas, comenzamos a despejar las dudas y las creencias erróneas que nos limitan.

Cuestionando creencias limitantes

Es esencial revisar las ideas que hemos aceptado como verdades a lo largo de nuestra vida. Muchas de estas creencias provienen de experiencias pasadas, palabras que nos han dicho o expectativas sociales. Por ejemplo, algunos pueden haber crecido creyendo que nunca serán lo suficientemente buenos o que el éxito solo está reservado para otros.

La Biblia nos invita a renovar nuestra mente (Romanos 12:2), lo que implica permitir que las enseñanzas de Dios reemplacen las mentiras que hemos creído por Su verdad. A través de la oración y el estudio diario de las escrituras, podemos fortalecer nuestra relación con Él y descubrir quiénes somos realmente en Cristo. Este proceso nos ayuda a identificar los pensamientos que no provienen de Dios y a entregárselos, confiando en que Él los transformará para alinearlos con Su propósito y Su verdad.

Aceptando la incertidumbre como parte del proceso

Un aspecto difícil del autoconocimiento es lidiar con la incertidumbre. Cuando abandonamos ideas o patrones que no reflejan nuestra verdadera identidad en Cristo, puede sentirse como si nos encontráramos en un vacío. Este es un momento fundamental en el que debemos depender completamente de Dios.

El Salmo 46:10 nos dice: "Quédense quietos, reconozcan que yo soy Dios." En esos momentos de incertidumbre, la quietud en Su presencia nos permite escuchar Su voz y encontrar consuelo. Confiar en Su guía es fundamental para construir una vida alineada con Su voluntad.

Construyendo una identidad basada en Cristo

Una vez que hemos entregado a Dios nuestras cargas y falsas creencias, podemos comenzar a construir una identidad sólida en Cristo. Este proceso implica decorar el "jardín de nuestra vida" con los frutos del Espíritu (Gálatas 5:22-23): amor, gozo, paz, paciencia, bondad, fidelidad, humildad y dominio propio.

Dios nos ha dado dones y talentos únicos para cumplir con Su propósito. Reflexionar sobre estos regalos y usarlos para Su gloria nos lleva a vivir una vida más plena y auténtica.

Herramientas espirituales para el autoconocimiento

Para profundizar en este camino, aquí hay algunas prácticas que pueden ayudarte:

1. Oración intencional. Habla con Dios sobre tus luchas, preguntas y sueños. Pide al Espíritu Santo que te revele áreas de tu vida que necesitan ser transformadas. Como dice Juan 14:26, el Espíritu es nuestro Consolador y Maestro, guiándonos a toda verdad.

2. Estudio bíblico profundo. Dedica tiempo a estudiar pasajes relacionados con la identidad y el propósito. Versículos como Efesios 2:10 ("Somos creación de Dios, creados en Cristo Jesús para buenas obras") nos recuerdan que somos obra de Su amor.

3. Sanidad interior. Las sesiones de sanidad interior, guiadas por líderes espirituales o ministros capacitados, pueden ayudarte a liberar heridas del pasado y renovar tu relación con Dios. Este proceso te permite soltar el dolor emocional y espiritual, abriendo espacio para la paz y la claridad.

4. Escritura reflexiva. Aunque llevar un diario no es exclusivamente espiritual, puede convertirse en una herramienta poderosa cuando invitas a Dios a dirigir tus pensamientos mientras escribes.

Reflexiona sobre lo que Dios te está mostrando y cómo estás creciendo en tu caminar con Él.

5. Conectar con personas de diferentes culturas. Rodearte de personas que compartan tu fe puede fortalecer tu crecimiento. Hablar con otros sobre sus testimonios y aprendizajes fomenta una comprensión más profunda de lo que significa vivir conforme a los principios del Reino.

¿Por qué debemos acudir a su llamado?

No buscar el autoconocimiento a través de las escrituras puede dejarnos atrapados en un ciclo de inseguridad y frustración. Sin una base espiritual sólida, corremos el riesgo de construir nuestra identidad sobre arenas movedizas: la aprobación de otros, logros temporales o posesiones materiales.

Por el contrario, cuando nos conocemos a través de los ojos de Dios, encontramos libertad, propósito y paz. Sabemos que no estamos solos en este proceso, ya que Su amor incondicional nos sostiene en cada paso del camino.

Un viaje continuo

El autoconocimiento a través de las escrituras no es un destino final, sino un viaje continuo. Siempre habrá más por aprender, descubrir y crecer en nuestra relación con Él. Pero cada paso que damos en obediencia y fe nos acerca más a Su propósito para nuestras vidas.

2 Corintios 5:17 dice: "El que está en Cristo, nueva criatura es; las cosas viejas pasaron; he aquí, todas son hechas nuevas." Este versículo encapsula la promesa de transformación que Dios nos ofrece cuando buscamos conocerle más profundamente.

En última instancia, el autoconocimiento no es solo un beneficio para nosotros, sino una forma de glorificar a Dios al vivir la vida plena y abundante que Él ha diseñado para cada uno de nosotros.

Capítulo 9: Interacciones sociales con propósito

"No renuncies a hacer lo que realmente quieres hacer. Donde hay amor e inspiración, no creo que puedas equivocarte".

Ella Fitzgerald

Para tener una relación saludable, es vital comenzar amándote a ti misma. No esperes que alguien más te brinde la felicidad o que tu bienestar dependa de tener una pareja. La idea de que serás feliz solo cuando encuentres a alguien es una falacia. La verdadera felicidad y satisfacción deben empezar desde tu interior.

Ahora pon atención a los siguientes tips:

1. Conócete y valórate. Es fundamental tener claridad sobre lo que quieres y no quieres en una relación. Si no estás segura de quién eres y qué deseas, atraerás a personas que también tengan inseguridades, o incluso a quienes puedan manipularte. He visto cómo el no valorarse puede llevar a relaciones dolorosas, donde el amor recibido solo trae más sufrimiento.

2. Rompe patrones de comportamiento. Cuando termines una relación, es importante tomarte el tiempo necesario para sanar antes de empezar una nueva. Traer el dolor de una relación pasada a una nueva solo perpetúa patrones destructivos. No cometas el error de saltar de una relación a otra sin haber procesado el dolor anterior, ya que esto puede repetir los mismos errores y traer más sufrimiento.

3. La importancia de la autenticidad. Es esencial que no cambies quién eres para adaptarte a otra persona. Si alguien entra en tu vida, debe aceptar y valorar quién eres realmente, incluyendo tus pasiones, tu estilo de vida y tus compromisos. No te sientas obligada

a conformarte o a cambiar tus hábitos para agradar a otra persona. La autenticidad es clave para una relación exitosa y saludable.

4. Manejo del tiempo y las expectativas. Disfruta del inicio de una nueva relación, pero también mantén un equilibrio en tu vida. No permitas que una nueva pareja te distraiga de tus responsabilidades y metas personales. Si has trabajado en ti misma y has sanado tus heridas pasadas, podrás manejar mejor cualquier desafío que surja en tu nueva relación. Recuerda que una persona debe sumar a tu vida, no restar.

5. El valor de la autoestima. Una relación debe complementar tu vida, no definirla. No permitas que alguien te haga sentir menos o que te cambie de una manera que te haga perder tu identidad. La felicidad y el valor personal provienen de dentro, y una pareja debería ser un complemento positivo en tu vida, no una fuente de inseguridad.

Complementemos lo anterior con esta reflexión sobre el amor propio y las relaciones:

1. La importancia de la sanidad interior. Antes de entrar en una nueva relación, es esencial dedicar tiempo a sanar áreas de tu vida que necesitan atención. Esto incluye sanar heridas de relaciones anteriores y abordar problemas internos que quizás no sabías que existían. Esta sanidad interior es fundamental para evitar que el pasado interfiera en tu presente y en tu futura relación.

2. Comunica con claridad y amor. Es vital ser claro sobre tus necesidades y expectativas en una relación. No te quedes callada acerca de lo que necesitas; exprésalo con amor y respeto. La persona que te quiere verdaderamente apoyará tus necesidades y no tratará de cambiarte. La comunicación abierta y honesta es clave para una relación saludable.

3. Valora el apoyo mutuo. Una buena relación se basa en el apoyo mutuo. La persona con la que estás debe valorar lo que haces y comprender tu forma de ser. El apoyo constante y la comprensión son esenciales para construir una relación sólida y duradera.

"Cada interacción social es una oportunidad para fortalecer lazos genuinos, aportando valor mutuo y cultivando relaciones significativas en tu vida."

Ingrid Estrada

Cómo mejorar tus habilidades sociales

Veamos a partir de ahora, como mejorar la interacción personal con tu entorno. Si te resulta difícil iniciar o mantener conversaciones, si te sientes incómoda en situaciones con numerosas personas, o si te consideras una persona introvertida, es probable que necesites desarrollar tus habilidades sociales. Este desarrollo no solo te permitirá establecer relaciones más profundas y significativas, sino que también influirá positivamente en tu vida profesional y personal. Incluso si te consideras una persona sociable y disfrutas del diálogo, perfeccionar tus habilidades sociales puede ayudarte a prevenir malentendidos, aumentar tu carisma y garantizar que los demás se sientan cómodos en tu presencia.

Aquellos que parecen tener una habilidad natural para interactuar con los demás, en realidad han cultivado una alta inteligencia social. Esta capacidad no es innata, sino que se desarrolla a través de la práctica constante y la experiencia en diversas interacciones sociales. Aprender de cada experiencia, ya sea exitosa o no, permite mejorar la capacidad de conexión con los demás.

La importancia de la escucha activa

Un aspecto fundamental en este proceso es la escucha activa. Esta habilidad esencial puede transformar significativamente la calidad de tus relaciones y potenciar tu influencia en múltiples ámbitos de tu vida. La escucha activa no se limita a oír las palabras, sino que implica captar el mensaje completo que se está transmitiendo, tanto verbal como no verbalmente. Para practicar una escucha efectiva, es imperativo minimizar las distracciones. Guarda el teléfono móvil, enfoca tu atención en la persona que habla y evita preparar tu respuesta mientras el otro aún está hablando.

Demostrar comprensión es otra faceta importante. Reformular lo que has escuchado no solo asegura que has comprendido el mensaje, sino que también muestra a la otra persona que valoras su comunicación. Emplear frases como "Lo que comprendo es que..." o "Parece que estás diciendo que..." puede facilitar una conversación clara y sin malentendidos.

La conciencia social y su impacto en las relaciones

Además de la escucha activa, desarrollar la conciencia social es relevante. Esta habilidad permite percibir y entender adecuadamente el entorno y las emociones de quienes te rodean, facilitando interacciones apropiadas en diversas situaciones. Las personas con alta inteligencia social son observadoras, consideran las necesidades y sentimientos ajenos, y son conscientes del impacto de sus palabras y acciones. Un gesto sencillo, como el contacto visual o una sonrisa auténtica, puede transmitir apertura y amabilidad, haciendo que los demás se sientan valorados y cómodos.

Es común que quienes se distraen permitan que su mente divague durante una conversación, lo que puede interpretarse como desinterés o egocentrismo. Desarrollar la capacidad de mantenerte presente en el momento es esencial, ya que esto permite una expresión auténtica y demuestra tu compromiso con la interacción. La plena presencia te brinda la oportunidad de enfocarte en las experiencias y diálogos actuales, enriqueciendo la calidad de tus relaciones.

El poder del lenguaje corporal

El lenguaje corporal también juega un papel fundamental en cómo nos relacionamos con los demás. Nuestra postura, contacto visual y expresiones faciales envían mensajes que muchas veces son más poderosos que las palabras. Mantener una postura adecuada y proyectar una imagen abierta y confiada no solo te hará sentir más segura, sino que también facilitará las interacciones. Los demás te percibirán como alguien más carismática y genuina.

Un error común es olvidar los nombres de los demás. Aunque puede parecer trivial, olvidar esto puede dar la impresión de falta de interés. Recordar como se llaman nuestros interlocutores, en cambio, contribuye a tu carisma y demuestra atención hacia la otra persona.

Ser auténtico y amigable

Por otra parte, la autenticidad es otro factor clave en la construcción de habilidades sociales. Ser genuina en tus interacciones significa expresar tus pensamientos y emociones sin fingir. Mantener tu esencia y ser coherente en tus creencias y valores permite que los demás confíen en ti.

Al mismo tiempo, aceptar a los demás con respeto y mostrar empatía, incluso cuando no estén de acuerdo contigo, fortalece las relaciones y las hace más genuinas. El carisma no se trata solo de ti mismo, sino de cómo haces sentir a los demás.

Estrategias para iniciar conversaciones

Iniciar una conversación con alguien que está distraído, ocupado o desinteresado puede ser una experiencia exigente. Por eso, es fundamental identificar el momento adecuado y encontrar una manera efectiva de empezar la charla. En lugar de lanzar una opinión personal que podría ser mal recibida, opta por un comentario neutral que todos puedan apreciar, como una observación sobre el clima o un evento reciente en las noticias.

Otra estrategia efectiva es comenzar con un elogio sincero sobre algo visible, como un detalle en la vestimenta o el estilo personal de la otra persona. Aunque puede resultar intimidante, es natural sentirse insegura al iniciar una conversación. La clave está en relajarte, respirar profundamente y observar tu entorno con atención. Con el tiempo y la práctica, las palabras adecuadas llegarán de manera natural. No te presiones demasiado; permite que tus ideas fluyan libremente. Planificar y ensayar lo que piensas decir antes de una reunión puede facilitar una comunicación más clara y efectiva.

Una comunicación efectiva no solo mejora la comprensión mutua, sino que también te presenta como alguien agradable y respetuosa del tiempo ajeno.

Acostúmbrate a alternar turnos de habla y usar preguntas abiertas

Es importante evitar tratar de dominar la conversación. Aprende a alternar los turnos de habla y a ser consciente de cuánto estás contribuyendo en comparación con la otra persona. Si te das cuenta de que eres el principal hablador, es probable que debas escuchar más y dar espacio a la otra persona para que se exprese. Hablar en exceso puede llevar a que los demás eviten interactuar contigo, por lo que encontrar un equilibrio es esencial.

Para mantener la conversación interesante y enriquecedora, formula preguntas abiertas que fomenten la reflexión y la profundización. Preguntas como "¿Qué te hizo pensar eso?" o "¿Cuál es tu perspectiva sobre este asunto?" permiten que la otra persona comparta más detalles y se extienda sobre el tema. Escuchar activamente y hacer preguntas de seguimiento puede abrir la puerta a conversaciones más profundas y significativas.

Estrategia de escucha activa

Cuando hagas una pregunta, deja que la otra persona tenga el tiempo necesario para responder de manera completa. Escucha con atención y utiliza la información proporcionada para guiar la conversación de manera fluida en las pausas naturales. Evita interrumpir, ya que esto puede transmitir que no estás genuinamente interesado en lo que se dice. Asiente con la cabeza para mostrar que comprendes y estás procesando la información, incluso si no estás completamente de acuerdo.

A veces, las personas hacen preguntas para expresar sus propias opiniones en lugar de escuchar verdaderamente la respuesta. En lugar de competir en la conversación, utiliza el silencio de manera estratégica. Aprende a esperar y escuchar antes de responder para permitir que la conversación se desarrolle de manera más rica.

Redirigir conversaciones decaídas

Cuando notes que la conversación comienza a decaer, intenta redirigirla hacia un terreno común. Identificar y resaltar puntos de acuerdo puede ayudar a cerrar la charla de manera positiva y equilibrada. Es preferible mantenerte alejado de temas delicados, especialmente si aún no has establecido una relación sólida con la otra persona.

Si la conversación se torna polémica, muestra cortesía al despedirte y sugiere educadamente que debes partir, dejando una impresión favorable. Puedes concluir con una frase como: "Ha sido un placer hablar contigo; espero que podamos retomar la conversación pronto."

Explorar nuevas oportunidades sociales

Al momento de cerrar una conversación, hazlo de manera elegante. Puedes decir algo como: "He disfrutado mucho nuestra charla, pero debo irme. ¿Te parece si continuamos en otra ocasión?" Esta cortesía y consideración pueden hacer una gran diferencia en cómo se percibe tu comunicación.

Para quienes desean perfeccionar sus habilidades de oratoria y liderazgo, existen organizaciones dedicadas a proporcionar apoyo y formación en estas áreas. Estas instituciones pueden ser especialmente útiles si te sientes incómodo o ansioso en situaciones sociales, ofreciendo un entorno propicio para el aprendizaje y la práctica.

Además de tus interacciones laborales, explora otras oportunidades para socializar. Las cafeterías, eventos deportivos y centros comunitarios son lugares ideales para conocer nuevas personas. Unirte a grupos que se alineen con tus intereses, como clases de baile, idiomas, cocina, música o deportes, puede ser una excelente manera de conectar con otros. Los grupos en línea también ofrecen una plataforma para interactuar con personas que comparten tus pasiones.

Empieza a ser más sociable a través de pequeños actos. Saluda a tu vecino, agradece al personal que te atiende y conversa brevemente con quienes te rodean. Cada interacción, por pequeña que sea, contribuye a mejorar tus habilidades sociales y a aumentar tu confianza.

No dejes que las interacciones negativas te desmotiven. El avance en cualquier habilidad se basa en una combinación de experiencias positivas y desafíos. Reflexiona sobre lo que hiciste bien en las situaciones exitosas para replicarlo en el futuro. Si un encuentro no salió como esperabas, analiza lo que no funcionó y cómo puedes ajustar tu enfoque.

Como enfrentar la ansiedad social

Enfrentar la ansiedad social es una experiencia común, que puede variar desde una ligera inquietud hasta un temor más profundo que requiere apoyo especializado. Si las interacciones sociales te resultan intimidantes, comienza con pasos pequeños. Actúa de manera sociable, incluso si no te sientes completamente a gusto al principio. Sé amable y agradecida en tus interacciones diarias, e intenta iniciar conversaciones breves cuando sea apropiado. Estos pequeños logros pueden tener un impacto significativo con el tiempo.

A medida que te sumerjas en estas prácticas, te será más fácil interactuar con los demás. Aprende a identificar los desencadenantes de tu ansiedad para manejarlos de manera más efectiva. La perseverancia en la práctica social puede llevarte a desarrollar habilidades más sólidas y una mayor confianza en ti mismo.

Comprender las causas subyacentes de la ansiedad

Comprender las causas subyacentes de tu ansiedad es un paso fundamental hacia su manejo eficaz. Reflexiona sobre tus experiencias: ¿Sientes nerviosismo al ingresar a un aula? ¿La ansiedad cambia si es una clase de matemáticas frente a una de arte? ¿Te resulta incómodo interactuar con ciertos colegas o superiores?

Examina si tu ansiedad varía con diferentes personas o contextos, como en una reunión social en comparación con un encuentro con amigos cercanos. Estos detalles pueden proporcionarte información valiosa sobre los momentos críticos que necesitas abordar.

Evitar la evasión de situaciones incómodas

Las personas con ansiedad social a menudo evitan las situaciones que les generan incomodidad. Aunque esto puede ofrecer un alivio momentáneo, a largo plazo tiende a intensificar el problema. En lugar de huir, prepárate para enfrentar tus temores en situaciones sociales. Lee artículos interesantes para tener temas de conversación listos, formula comentarios neutros para reuniones, o ten a mano temas ligeros para compartir durante el almuerzo.

Si debes hablar frente a un gran grupo, la preparación es clave para aumentar tu confianza. Utiliza técnicas de relajación, como respiraciones profundas o ejercicios de relajación muscular. Por ejemplo, aprieta todos los músculos de tu cuerpo durante unos segundos y luego suéltalos; repite esto un par de veces para liberar la tensión. En lugar de enfocarte en ti mismo, observa a los demás, presta atención a sus palabras y acciones. Si te descubres atrapado en tus propios pensamientos o temores sobre cómo te perciben, redirige tu atención hacia la conversación y el entorno.

Superar el temor al juicio ajeno

La ansiedad a menudo proviene del temor al juicio ajeno. Es natural que las personas no siempre estén de acuerdo contigo o respondan como esperas, pero esto no define tu valor ni tus habilidades. Todos enfrentamos momentos en los que conectamos mejor con unas personas que con otras; es una parte natural de la vida y no refleja tu carácter.

Trabaja en construir una confianza auténtica y celebra tus pequeños logros. Si sientes que la ansiedad social interfiere significativamente en tu vida diaria, busca la ayuda de un terapeuta especializado en este trastorno. También puedes considerar sesiones de sanidad interior, que ofrecen una perspectiva espiritual para abordar las raíces emocionales y encontrar paz en tu interior.

Practicar la cortesía

Para mejorar tu confianza social y habilidades interpersonales, practica la cortesía de manera constante. Desde una edad temprana, se nos enseña sobre la importancia de la buena educación y el civismo, que guían nuestro comportamiento en diversas situaciones sociales. Gestos simples como saludar, agradecer y usar "por favor" son formas efectivas de construir confianza y mejorar las interacciones.

Adapta tu comportamiento a las circunstancias, como mantener un tono respetuoso en eventos solemnes en comparación con celebraciones informales. Un pequeño esfuerzo diario, como ofrecer un cumplido sincero a alguien, puede tener un gran impacto. Los cumplidos no solo muestran amabilidad hacia los demás, sino que también te ayudan a enfocarte en aspectos positivos, alejándote de pensamientos negativos sobre ti mismo. Imagina un mundo donde cada interacción esté centrada en lo positivo; sería un entorno más amable y enriquecedor para todos.

Contribuir positivamente a la vida de los demás, incluso con pequeños gestos, tiene un impacto significativo en cómo te perciben y en cómo te sientes contigo mismo. Ser amable, agradecido y considerado no solo mejora tu propia autoestima, sino que también ayuda a crear conexiones genuinas con quienes te rodean.

Capítulo 10: El viaje hacia la libertad

"Sólo una cosa convierte en imposible un sueño: el miedo a fracasar".

Paulo Coelho

Veamos esta historia, Nelson Mandela, durante sus 27 años en prisión, enfrentó condiciones inhumanas y una injusticia que podría haber quebrado el espíritu de cualquier persona. Sin embargo, su fe inquebrantable en un futuro mejor y su resiliencia lo llevaron a convertirse en un símbolo global de resistencia y paz. Mandela no solo soportó el sufrimiento, sino que lo transformó en una fuerza para el cambio. En lugar de ceder ante la desesperación, mantuvo la esperanza viva, demostrando que la fe y la resiliencia pueden iluminar hasta los momentos más oscuros.

Del mismo modo, en nuestra vida cotidiana, muchas veces nos encontramos con obstáculos que parecen insuperables. No todo el mundo va a entender tus sueños y aspiraciones. En tu camino hacia el éxito, encontrarás personas que, por inseguridad o falta de visión, no apoyarán tus metas. Incluso aquellos cercanos a ti podrían no comprender tu visión, pero eso no significa que debas detenerte. Aquí es donde la fe y la resiliencia juegan un papel vital. Debes rodearte de personas que compartan tu mentalidad y que vean más allá de la vida que estás viviendo en este momento.

Hace seis años, cuando me uní a una comunidad de crecimiento personal conocida como 100X Movement, mi mente y mi corazón se expandieron de maneras que nunca imaginé. Este grupo despertó en mí un espíritu emprendedor que ni siquiera sabía que tenía. Lo que aprendí, especialmente de mi mentor Pedro Adao, es que el ministerio y el negocio pueden coexistir armoniosamente. No es una batalla entre lo espiritual y lo profesional, sino una integración donde la fe impulsa nuestro trabajo, y nuestras acciones en la Tierra toman dominio y transforman el mundo de acuerdo con la esencia divina que se nos ha otorgado.

Aquí hay una frase que aprendí de Ryan Peña: "Los reyes no mendigan, los reyes crean". Jesús nos llama a ejercer dominio y a vivir en abundancia, como embajadoras o embajadores del Reino, representando Su autoridad en la tierra. Fue Ryan Peña quien me enseñó esta poderosa verdad, y ha marcado profundamente mi perspectiva sobre nuestra identidad como ciudadanos del Reino.

A menudo, apoyamos a nuestros hijos en sus sueños, pero, ¿qué pasa con los nuestros? ¿Estamos aplicando la misma pasión y apoyo que ofrecemos a los demás en nuestras propias vidas? La fe nos impulsa a soñar, pero la resiliencia nos da la fuerza para perseguir esos sueños, a pesar de las dificultades.

Es el momento de ser un poco egoísta, en el mejor sentido de la palabra. Debes amarte a ti misma tanto como amas a tus hijos. Te lo digo desde mi propia experiencia, porque el amor propio puede ser tan poderoso como el amor por los demás. Es importante que te cuides, que inviertas en ti misma, que tomes descansos cuando lo necesites, y que aprendas a delegar sin sentirte culpable. Entender tu valor y reconocer que no tienes que hacerlo todo es fundamental para tu crecimiento y bienestar.

En los negocios, al igual que en la vida personal, rodearte de un equipo que te respalde es esencial para el éxito. Pero todo empieza por ti. Reconoce tu valor, tu brillantez, y tu capacidad para marcar la diferencia. Si puedes aplicar la misma dedicación y amor que pones en tu familia a tu negocio, los resultados serán impactantes. Imagina tener clientes que compartan tu pasión, que valoren lo que haces, y que confíen en ti por la solución que ofreces a sus problemas.

Todas las dificultades que has enfrentado en tu vida tienen un propósito. Si has superado esos desafíos, entonces tienes la autoridad para enseñar a otros, para guiar y crear algo significativo, ya sea un negocio o una plataforma de mentoría. Las herramientas y recursos están ahí, pero el primer paso es invertir en ti misma. Comienza hoy a construir tu futuro con la misma pasión y dedicación que aplicas a todo lo que haces. Así como Mandela convirtió su prisión en un trampolín hacia la libertad, tú también puedes transformar tus desafíos en oportunidades de crecimiento y éxito.

"Alcanzar la libertad personal comienza al soltar la dependencia, reclamando tu poder interior y cultivando una vida plena y auténtica."

Ingrid Estrada

El desapego emocional

La verdadera libertad se alcanza cuando te liberas de aquello que te impedía sentirte plena. No se trata de renunciar a tus pertenencias, sino de evitar que nada ejerza control sobre ti. El desapego no es desinterés; es la capacidad de mantener una distancia saludable de las circunstancias y evitar un compromiso emocional excesivo.

A veces, es necesario cerrar ciertos capítulos de nuestra vida, no por orgullo, sino porque han dejado de ofrecer un propósito. Desapegarse implica liberarse de los remordimientos del pasado y del temor al futuro. Permite que la vida siga su curso sin intentar modificar su flujo, ni prolongar los momentos agradables ni eliminar los desagradables.

Soltar para recibir bienestar

Esta actitud te permite alinearte con el ritmo de la vida, en armonía con su constante cambio, lo que facilita un mayor conocimiento de ti mismo. Con frecuencia, cuando enfrentamos desafíos, nos concentramos en buscar explicaciones en lugar de soluciones. Sin embargo, la verdadera solución no requiere una explicación previa; es la solución la que revela la naturaleza del problema.

Soltar una situación o persona no significa ignorarla, sino aceptarla sin intentar controlarla. El acto de soltar debe estar motivado por el amor, no por el miedo. Desapegarse no es renunciar a lo que posees, sino evitar que nada te domine. Es soltar lo viejo, incluso cuando lo nuevo aún no ha llegado a tu vida.

Nada en este mundo te pertenece de manera absoluta, aunque todo puede estar temporalmente a tu disposición. El verdadero propósito de la vida no está en poseer, sino en ser. Si te preguntas si disfruto de tu compañía, la respuesta es sí. Y si te preguntas si puedo vivir sin ti y seguir siendo feliz, la respuesta también es sí. Aprende a desapegarte, a soltar, a entregar, a fluir y a vivir en el presente, sin cargar con el peso del pasado ni las expectativas del futuro. Estamos en tránsito; libera tu energía, crea, disfruta y confía plenamente en la vida. Agradece y cada momento de tu existencia será bendecido.

La clave del desapego para una vida en armonía

En la oración, el ser humano se expresa y el cielo escucha; en la meditación, el ser humano escucha y el cielo se expresa. Te deseo bienestar, para que siempre estés rodeada de lo positivo. Te deseo inteligencia, para que siempre sepas cómo actuar. Te deseo amor, para que siempre te sientas querida. Te deseo armonía, para que todos a tu alrededor se sientan a gusto contigo. Te deseo salud, para que siempre estés en buena forma. Te deseo abundancia, para que tengas lo que necesitas. Te deseo libertad, para que te liberes del yugo del ego. Nadie puede ofrecerte la felicidad si no la has encontrado primero en tu interior.

Deja ir, entrega, confía, fluye, agradece, bendice y ama. La verdadera felicidad llega cuando dejas de esperar algo de los demás. Al reducir tus expectativas, dejas de estar condicionado por el ego y descubres la felicidad en tu interior.

Vive en armonía con la vida y recuerda: Antes de hablar, escucha. Antes de escribir, medita. Antes de criticar, examina y perdona. Antes de herir, siente y desapégate de esa emoción que es solo una ilusión. Antes de rendirte, recobra tu poder en unidad. Antes de odiar, ámate profundamente, y la felicidad será una constante en tu vida.

Encontrar la paz en tu interior es el primer paso para liberarte de los conflictos que surgen en el exterior. Imagina tu vida como una rama de un gran árbol: aunque cada rama crece en diferentes direcciones, todas están conectadas a una raíz común. Esta raíz representa la esencia profunda que nos une a todos, la fuente misma de nuestra existencia. Para que tu vida experimente un cambio significativo, debes comenzar por transformar lo que sucede dentro de ti.

A menudo, las personas que tienen respuestas para todo son aquellas que no han buscado nuevas experiencias o perspectivas. Lo que realmente deseas suele estar más allá del miedo, del apego y de las culpas que a menudo nos limitan. Ser auténtico es esencial; el rol de cada uno en la vida ya está definido. Así como un toque físico puede provocar placer, conectar con tu esencia interior puede despertar un profundo amor.

Para alcanzar una verdadera libertad interior, es vital desprenderse de la necesidad de poseer y de aferrarse a las cosas. Nadie más puede ser responsable de tu felicidad; sólo tú puedes descubrirla y compartirla. Este viaje hacia el desapego puede ser doloroso, pero al mantener una mente abierta y dispuesta, tu verdadera esencia saldrá con renovada fuerza. Con el tiempo, el dolor disminuirá y lo que parecía vital se desvanecerá en importancia. Idealmente, el desapego significa alejarnos de personas o situaciones con amor y sin dejar rastro.

Es fundamental liberarse de la implicación insana con aspectos de la vida que están fuera de nuestro control. El desapego se basa en el entendimiento de que cada individuo es responsable de sí mismo y que no podemos solucionar problemas que no nos corresponden. Preocuparse excesivamente no sirve de nada. Es vital no involucrarse en las responsabilidades de otros, permitir que enfrenten las consecuencias de sus acciones y ofrecerles la libertad de ser quienes son. También debemos concedernos esa misma libertad. Vivir plenamente y discernir entre lo que podemos y no podemos cambiar es esencial.

Una vez que sepamos qué aspectos podemos controlar, debemos enfocar nuestros esfuerzos en esos elementos y dejar de intentar cambiar lo que es inmutable. Cuando enfrentamos un problema, hacemos lo que está en nuestras manos para solucionarlo y aprendemos a convivir con él si no logramos resolverlo. Apreciar lo positivo y sentir gratitud por lo que la vida nos ofrece hoy enriquece nuestra existencia.

Diferenciando necesidades de dependencias

Es conveniente saber que el deseo en sí mismo no es apego; lo que realmente define el apego es la incapacidad de renunciar a ese deseo. La resignación y la incapacidad de desistir, son conceptos que el apegado no comprende completamente. Anhelar algo con intensidad no es malo, pero convertir ese deseo en algo indispensable sí lo es. El apego se manifiesta en la incapacidad de aceptar la pérdida y en la dependencia de una fuente de seguridad o placer.

El apego suele estar vinculado al miedo y, a menudo, a una incapacidad subyacente. Por ejemplo, si no puedo cuidar de mí misma, temeré estar sola y me aferraré a las personas que me brinden seguridad. El apego actúa como un calmante para el miedo, pero con riesgos significativos.

El deseo de estar con alguien, disfrutar de su presencia y compartir momentos especiales no implica necesariamente apego. El amor y el placer de estar con alguien deben ser disfrutados plenamente. No obstante, si la necesidad de ver a esa persona se vuelve desesperante y consume tus pensamientos, podrías estar entrando en el ámbito de la adicción afectiva.

El objetivo no es reprimir los sentimientos naturales del amor, sino fortalecer la capacidad de soltar cuando sea necesario. Desapegarse no equivale a indiferencia o dureza emocional. Es un error confundir desapego con insensibilidad. El desapego es una forma saludable de relacionarse, basada en la independencia y la ausencia de posesividad.

Alguien que practica el desapego puede manejar sus temores sin sacrificar su identidad por amor, evitando el egoísmo y la deshonestidad. Desapegarse no significa buscar un sustituto afectivo ni adoptar comportamientos poco éticos; más bien, es un acto de liberación personal y crecimiento emocional.

Amando sin dependencias

Lograr la libertad emocional implica promover el afecto sin que este se convierta en una carga. El afecto es una necesidad humana innegable, pero amar no significa esclavizarse a ese amor. Defender un vínculo no equivale a asfixiarse en él. El desapego es una decisión consciente que proclama: el amor verdadero no conoce el miedo. ¿Por qué nos duele cuando alguien no muestra angustia por nuestra ausencia? ¿Por qué nos sorprende la falta de celos en una relación? ¿Estamos realmente listos para una relación basada en la independencia emocional? Si has intentado amar sin ataduras, habrás visto que no hay contradicción entre amar y mantener tu autonomía. Amar y amarse a uno mismo no son polos opuestos; se complementan y fortalecen mutuamente.

Cuando el amor y la independencia personal no están en equilibrio, puede surgir un deterioro emocional. Un vínculo afectivo saludable expande nuestra conciencia y capacidad de amar, mientras que el apego consume nuestra energía vital. La dependencia emocional, en lugar de ser una fuente de fortaleza, se convierte en una carga pesada que drena nuestra vitalidad.

Energía desgastada y crecimiento estancado

Es bueno que sepas que el apego desgasta nuestra energía de dos maneras principales. Primero, aquellos que sufren de dependencia afectiva suelen desplegar grandes recursos para mantener su fuente de gratificación. Pueden volverse posesivos, celosos, o incluso agresivos, desarrollando comportamientos obsesivos y destructivos. Algunos pueden buscar llamar la atención de manera extrema, poniendo en riesgo su bienestar en el proceso.

Por otro lado, existe una forma más pasiva de dependencia, donde el individuo se muestra sumiso y excesivamente obediente para evitar el abandono. Las estrategias para mantener una relación pueden ser variadas y sorprendentemente peligrosas, dependiendo del grado de desesperación del individuo.

Otra forma de despilfarro energético se origina en la exclusividad. Una persona apegada concentra todo su gozo en la pareja, excluyendo al resto del mundo. Con el tiempo, esta exclusividad puede convertirse en fanatismo, reduciendo el disfrute de la vida a una sola fuente: la pareja. Es como intentar ver el mundo a través de una rendija, en lugar de abrir la puerta y explorar en su totalidad. La sabiduría popular aconseja no poner todos los huevos en una sola canasta; repartir nuestras atenciones y afectos es fundamental para una vida equilibrada. El apego no solo enferma y debilita, sino que también elimina la capacidad de juicio, somete y deprime, generando estrés y agotamiento que erosionan nuestra humanidad esencial.

La inmadurez emocional, el núcleo del apego, no se refiere a la falta de inteligencia, sino a una visión limitada y una incapacidad para manejar el sufrimiento y la frustración. Las personas emocionalmente inmaduras suelen tener bajos umbrales para tolerar el dolor y una percepción distorsionada de la permanencia en las relaciones. Estas personas evitan el malestar, prefiriendo la comodidad inmediata a enfrentar desafíos.

La comodidad es una atracción natural, pero no debemos caer en la trampa de esperar que la vida sea siempre placentera y sin esfuerzo. La incapacidad para enfrentar lo desagradable varía entre individuos y está influenciada tanto por la genética como por la crianza. Aquellos que han sido sobreprotegidos en su infancia a menudo carecen de la fortaleza necesaria para enfrentar la adversidad con resiliencia. Su vida tiende a regirse por el principio del placer y la evasión de cualquier incomodidad, por mínima que sea.

Es relevante reconocer que cualquier cambio significativo requiere esfuerzo. No se trata de promover el sufrimiento innecesario, sino de entender que el crecimiento y la superación vienen con un costo. El verdadero desafío radica en estar dispuesto a invertir el esfuerzo necesario para lograr un cambio positivo, evitando la comodidad que obstaculiza el desarrollo personal.

El impacto del sacrificio en nuestra salud emocional

El sacrificio llega a tener un impacto negativo en nuestra salud emocional y la molestia persistente puede llevarnos a una profunda desmotivación. Cuando evitamos enfrentar las dificultades y buscamos constantemente el placer, las consecuencias pueden ser severas: un temor constante a lo desconocido y un apego debilitante al pasado. Si alguien no soporta ni siquiera las molestias menores, es probable que busque el placer sin descanso, aumentando así el riesgo de caer en adicciones.

Esta persona se verá incapaz de renunciar a lo que le agrada, incluso cuando las consecuencias sean perjudiciales, y no sabrá posponer el placer inmediato por un bienestar a futuro. En fin, le faltará autocontrol. Las decisiones significativas en la vida suelen venir acompañadas de dolor, desorden y perturbaciones, ya que la existencia propia no siempre ofrece lo que esperamos en bandeja de plata.

Apego emocional y baja tolerancia al dolor

Para quienes tienen un apego emocional profundo y una baja tolerancia al sufrimiento, el pensamiento predominante puede ser: "No puedo renunciar al placer o seguridad que me brinda la persona que amo, ni soportar su ausencia. No tengo tolerancia al dolor."

Esta visión revela una profunda debilidad y una incapacidad para afrontar el dolor. En lugar de enfrentar una relación que resulta dañina, estas personas se aferran a ella por miedo a la pérdida.

Egocentrismo y frustración en las relaciones

El egocentrismo también juega un papel relevante en la baja tolerancia a la frustración. Cuando nuestras expectativas no se cumplen, la rabia puede ser abrumadora. La verdadera madurez emocional reside en aceptar que no siempre obtenemos lo que deseamos y en ser capaces de procesar la pérdida sin adoptar una actitud narcisista. Lo inmaduro es la incapacidad de aceptar que, en ocasiones, no se puede tener lo que se quiere.

Imagina a un niño mimado que no recibe el juguete que desea debido a restricciones financieras. El niño no entiende ni acepta la razón y sigue exigiendo el juguete con berrinches y llantos. En su mundo, su deseo es más importante que las limitaciones reales. Este comportamiento refleja una necesidad de controlar todo y una visión poco realista y dañina.

En muchas relaciones amorosas, las personas están tan absortas en su propio mundo afectivo que no logran comprender lo que su pareja siente o piensa. Cuando la pareja expresa su desamor, el dolor se procesa de manera egoísta: "¡Pero yo te amo!" Esta actitud ignora el derecho de los demás a decidir si nos aman o no. Creer que nuestro amor es suficiente para ser correspondido es una falacia que puede llevar a conductas desesperadas. Aquellos que no aceptan la pérdida pueden recurrir a cualquier medio para evitar el abandono, sin importar cuán inapropiado o destructivo sea.

A veces, la desesperación no proviene tanto de la pérdida en sí, sino de quién causó esa pérdida. La necesidad de recuperar el control puede llevar a actitudes vengativas. Por ejemplo, alguien puede experimentar una satisfacción perversa al reconquistar a su expareja solo para demostrar su superioridad. Este tipo de comportamiento refleja una inmadurez emocional y un sentido desmedido de posesión: "Es mío y no lo compartiré". La frustración surge más de la dinámica de poder que de la verdadera tristeza por la pérdida.

La ilusión de permanencia y sus consecuencias

Finalmente, la ilusión de permanencia es una característica común del apego emocional. Quienes padecen esta dependencia suelen tener una visión ingenua de lo eterno e inmutable. La creencia de que las relaciones o situaciones deben durar para siempre proporciona una falsa sensación de seguridad.

No obstante, la realidad es que nada es eterno; todo cambia y se degrada con el tiempo. Esta ilusión de permanencia puede generar una expectativa de inmortalidad que inevitablemente conduce al sufrimiento. Aferrarse a lo transitorio e incontrolable solo lleva a la desilusión, como advirtieron los sabios a lo largo de la historia. Todo lo adquirido es efímero y, eventualmente, puede perderse.

Capítulo 11: Creando una vida dichosa

"Cada vez que sientas la tentación de reaccionar de la misma manera que siempre, pregúntate si quieres ser un prisionero del pasado o un pionero del futuro".

Deepak Chopra

Si enfrentas fracasos o errores, no te detengas, cada tropiezo es una nueva oportunidad para empezar de nuevo. En mi vida, he tenido que recomenzar más veces de las que puedo recordar. Sin embargo, nunca me rindo, ni siquiera ante el rechazo. He comprendido que el rechazo no es personal; no están rechazando a quien soy, sino una circunstancia o servicio. Este entendimiento me ha permitido seguir invirtiendo en mi bienestar, no para otros, sino para encontrar y cultivar mi propia felicidad.

Invertir en ti mismo va mucho más allá de adquirir objetos materiales. Se trata de dedicar tiempo y recursos a tu crecimiento emocional y mental, como buscar mentores o guías que te ayuden a evolucionar. Yo he transitado ese camino, y a través del proceso he aprendido a valorarme a un nivel tan profundo que eliminé las relaciones tóxicas de mi vida. No tengo espacio para personas o situaciones que no me aportan paz o felicidad.

Rodearte de individuos que compartan tu visión de la vida es esencial. Es fundamental estar cerca de aquellos que, al igual que tú, están en un proceso de crecimiento personal. Aléjate de quienes, con una mentalidad limitante, intentan frenar tus sueños o felicidad. A lo largo de los años, he aprendido que nuestras relaciones juegan un papel clave en nuestro bienestar, y que es importante rodearse de personas que sumen a nuestra vida.

Ser madre me ha enseñado mucho sobre la gestión emocional y el equilibrio en las relaciones. Al principio, cometí errores que afectaron mi relación con mi hija. Pero a través del tiempo, y con el uso de la inteligencia emocional, hemos sanado y fortalecido nuestro vínculo. Este proceso me enseñó que manejar las pequeñas situaciones de la vida con gracia es clave para enfrentar los grandes desafíos que nos trae el camino hacia la felicidad.

Si en algún momento sientes que estás atrapada en una situación que te limita o que no puedes amarte a ti misma, busca ayuda. Muchas veces necesitamos reconectar con nuestra esencia, con esa versión más pura de nosotras mismas que alguna vez soñó con ser feliz. He aprendido a transformar mi dolor en crecimiento, usándolo como una herramienta para avanzar, no como un peso que me detenga.

Agradece cada día como una nueva oportunidad para crecer. La vida es un proceso continuo de transformación, y cada experiencia, tanto las buenas como las difíciles, te fortalece. No olvides que el camino hacia la felicidad y el amor propio es la inversión más importante que puedes hacer. Cultiva tu bienestar y sigue trabajando en ti misma, porque en última instancia, la felicidad que buscas está en tu interior.

"Crear una vida dichosa requiere intención; enfócate en cultivar amor y gratitud, y verás cómo florece la felicidad a tu alrededor."

Ingrid Estrada

El poder de comenzar el día con amor propio

Cada mañana al despertar, cuando te miras al espejo, comienza tu día con un acto de amor propio. Aun si tu cabello está despeinado y no te sientes en tu mejor momento, di: "Te amo, eres hermosa". Este simple gesto es una manera de prepararte para el día con una actitud positiva y una mente enfocada. La claridad que obtienes de este acto puede ayudarte a enfrentar el día con dirección y propósito, creando así las condiciones para lograr grandes cosas.

En nuestra vida cotidiana, a menudo nos olvidamos de cómo comunicarnos efectivamente sobre nuestras emociones. Yo solía ser alguien que no podía expresar cómo me sentía, temerosa del rechazo o de lastimar a los demás. Sin embargo, he aprendido que es crucial abordar primero tus propias emociones antes de reaccionar ante los demás. Si algo te molesta, reflexiona sobre por qué te afecta. Este autoanálisis puede desentrañar emociones profundas y enseñarte a manejar mejor tus reacciones.

El amor propio es el cimiento de nuestra felicidad. Como mujeres, muchas veces hemos sido condicionadas a buscar validación externa para sentirnos completas. Sin embargo, la verdadera plenitud surge cuando comprendemos que el amor más importante es el que nos damos a nosotras mismas. Este amor no depende de nuestra apariencia, nuestros logros, ni de lo que otros piensen de nosotras. Nace de aceptar quienes somos, con nuestras imperfecciones y fortalezas.

Cuando practicas el amor propio, comienzas a entender que mereces ser feliz, no porque alguien te lo otorgue, sino porque es tu derecho. Empiezas a escuchar tus propias necesidades y a priorizar lo que te hace sentir bien. Esto no es egoísmo, es un acto de respeto hacia ti misma. Al honrar tus deseos, estás construyendo una vida en la que la felicidad no es algo que persigues, sino algo que cultivas desde dentro.

Recuerda, cada paso que das hacia el amor propio es un paso hacia la felicidad auténtica. No tienes que esperar a que las circunstancias sean perfectas; empieza hoy, desde el lugar donde estás, amándote profundamente y creyendo en tu capacidad de crear una vida que refleje tu verdadera esencia.

La felicidad va más allá de la alegría constante

La búsqueda de la felicidad es una de las preocupaciones más profundas y universales que ha acompañado a la humanidad a lo largo de su historia. A pesar de las múltiples interpretaciones que podemos encontrar, una manera comprensiva de entender la felicidad se enfoca en dos dimensiones fundamentales. La primera es el aspecto emocional, que abarca la experiencia de emociones positivas como la alegría y la satisfacción, y la ausencia de emociones negativas como la tristeza o el enojo. Este componente emocional se manifiesta en cómo nos sentimos día a día, y juega un papel crucial en nuestra percepción general de la felicidad.

La segunda dimensión es la cognitiva, que se refiere a cómo valoramos nuestra propia vida y el grado en que nos sentimos satisfechos con ella. Aquí, el enfoque está en nuestra percepción personal de si estamos llevando una vida que consideramos exitosa y significativa. Alcanzar un estado de felicidad óptima implica un equilibrio entre estas dos dimensiones: es decir, debemos esforzarnos por incrementar las experiencias positivas mientras cultivamos una profunda satisfacción con nuestra vida en su totalidad.

A lo largo de la historia, la preocupación por la felicidad ha sido constante, aunque sus manifestaciones han variado. En épocas pasadas, la felicidad a menudo se entendía a través de lentes culturales y espirituales específicas, que proporcionaban guías y perspectivas sobre cómo vivir una vida plena. Hoy en día, sin embargo, al alejarnos de estas tradiciones, muchas personas se enfrentan a un sentido de desorientación al tratar de definir qué es lo que verdaderamente les hará felices.

Este deseo de comprensión ha dado lugar a un creciente interés en el bienestar personal, reflejado en la proliferación de cursos y estudios dedicados a la felicidad. Las personas buscan respuestas basadas en la evidencia científica para mejorar su bienestar, una tendencia que subraya la importancia de encontrar respuestas concretas y prácticas en un mundo que a menudo parece incierto.

A pesar de nuestros esfuerzos por alcanzar la felicidad, a menudo nos encontramos con obstáculos. Las creencias preconcebidas sobre lo que debería hacernos felices no siempre resultan ser efectivas. Sin embargo, se ha revelado que existen estrategias sencillas que pueden tener un impacto significativo en nuestro bienestar, y estas a menudo son distintas de lo que podríamos esperar.

Tomando ejemplos de nuestro entorno

Un enfoque práctico, para mejorar nuestra felicidad, es observar y emular los comportamientos de aquellos que parecen disfrutar de una vida plena. Por ejemplo, es notable que las personas felices tienden a invertir tiempo en relaciones significativas y a estar rodeadas de personas que les importan. Este aspecto de la socialización, a menudo descuidado en nuestra vida diaria a causa de las obligaciones y el ritmo acelerado, resulta ser fundamental para nuestro bienestar. Así que, dedicar tiempo a reconectar con viejos amigos o incluso a entablar nuevas amistades puede ser una manera efectiva de incrementar nuestro nivel de felicidad.

Además, otro aspecto importante es el enfoque hacia los demás. A menudo, pensamos que la clave de nuestra felicidad radica en la satisfacción personal y el autocuidado. Sin embargo, se ha observado que las personas que experimentan una verdadera felicidad suelen dedicar más tiempo y energía a considerar y ayudar a los demás. Este cambio de perspectiva hacia el bienestar de los otros puede enriquecer significativamente nuestra propia vida, aportando un sentido más profundo de satisfacción y propósito.

Cada año, observamos cómo muchas personas dedican su tiempo y energía a causas sociales y al voluntariado, revelando un compromiso profundo y sincero con el bienestar de los demás. En lugar de centrarse exclusivamente en sus propios intereses, estas personas eligen contribuir significativamente al bienestar de sus comunidades. Para todas las personas, una recomendación valiosa es invertir tiempo en actos de bondad.

El concepto de realizar buenas acciones para los demás puede parecer inicialmente en desacuerdo con la búsqueda de la propia felicidad. Puede resultar sorprendente pensar que obsequiar un masaje a otra persona podría mejorar nuestro propio estado emocional. No obstante, la investigación científica respalda esta idea, mostrando que realizar actos altruistas puede tener un impacto positivo en nuestro bienestar general.

Otro aspecto crucial es el poder transformador de la gratitud. A menudo, creemos erróneamente que la felicidad se alcanza a través de la adquisición de nuevos logros o bienes materiales. Sin embargo, las investigaciones sugieren que la verdadera satisfacción proviene de apreciar y valorar lo que ya tenemos en nuestra vida. Incluso aquellos con una profunda comprensión de estos principios, como es mi caso, a veces se encuentran atrapados en una perspectiva negativa en lugar de enfocarse en las bendiciones que ya poseen.

La mente humana tiende naturalmente a enfocarse en los problemas y deficiencias. Sin embargo, las personas que logran una verdadera felicidad tienen la capacidad de redirigir su atención hacia lo positivo. Los estudios indican que este enfoque puede ser cultivado mediante prácticas simples, como reflexionar diariamente sobre tres o cinco aspectos de nuestra vida por los cuales estamos agradecidos, o expresar nuestro agradecimiento hacia quienes nos rodean.

Actividades saludables

Es igualmente importante que todos desarrollemos hábitos saludables, como el ejercicio regular y un sueño reparador. En tiempos de estrés, es común descuidar el ejercicio y reducir las horas de sueño. Sin embargo, investigaciones recientes demuestran que dedicar solo media hora al día a ejercicios cardiovasculares puede ser tan efectivo como los antidepresivos para aliviar los síntomas de la depresión. El ejercicio beneficia tanto a nuestro cuerpo como a nuestra mente, y el sueño es aún más vital. La falta de sueño es una de las principales razones detrás de la creciente crisis de salud mental entre las personas activas, quienes a menudo duermen entre cuatro y cinco horas diarias. Mejorar la calidad y cantidad del sueño puede tener un impacto considerable en la salud mental.

En mi caso, la oración ha sido una base esencial en mi vida. Dedicar tiempo cada día para hablar con Dios y buscar Su guía me ha ayudado a encontrar paz y claridad en medio de los desafíos. Es en esos momentos de comunión con Él donde puedo soltar mis preocupaciones y enfocarme en lo que realmente importa. A través de la oración, siento cómo mi mente se calma y mi corazón se llena de confianza, permitiéndome avanzar con propósito y serenidad. Es un espacio sagrado que transforma mi día y me fortalece para enfrentar cualquier situación con fe y determinación.

Cuando se anima a las personas a registrar diariamente las cosas por las que están agradecidas durante una semana, a menudo muestran escepticismo inicial. La mayoría cuestiona cómo esta práctica puede contribuir a su felicidad, especialmente en un entorno lleno de tecnología y conflictos, donde las quejas sobre problemas cotidianos son comunes. Sin embargo, al adoptar esta práctica, muchos descubren que, especialmente en períodos de alta presión, reflexionar sobre lo que agradecen tiene un impacto profundo en su perspectiva.

La gratitud posee un poder asombroso: puede guiarnos hacia una apreciación más profunda de lo que realmente importa en nuestras vidas y recordarnos que, en realidad, ya tenemos todo lo que necesitamos para ser felices. En una sociedad tan enfocada en la adquisición y el éxito, a menudo perdemos de vista las abundantes bendiciones que nos rodean. Al detenernos a reflexionar sobre las cosas buenas que poseemos, nos damos cuenta de que, en la mayoría de los casos, los aspectos positivos superan a los negativos. Sin embargo, la insatisfacción parece ser una constante en nuestras vidas.

Por qué no debemos compararnos con los demás

Una de las razones principales de esta insatisfacción es la constante comparación con los demás. Nos sentimos infelices en gran parte porque estamos en busca constante de lo que no tenemos, evaluando nuestra vida en relación con los estándares a menudo poco realistas que nos imponen. Este hábito está profundamente arraigado en nuestra psicología: en lugar de valorar y disfrutar lo que tenemos, nos medimos continuamente con lo que poseen o logran otros.

Nuestro cerebro tiende a valorar todo en términos relativos. En lugar de considerar nuestro salario desde una perspectiva objetiva, lo comparamos con el de alguien que gana más o menos que nosotros. Esta inclinación a hacer comparaciones relativas no se limita al dinero; abarca todos los aspectos de nuestra vida, desde nuestras propiedades y apariencia hasta nuestro tiempo libre. Así, los pequeños placeres que disfrutamos se ven eclipsados cuando los comparamos con los lujos que parecen tener los demás.

Este tipo de comparaciones a menudo nos lleva a establecer estándares inalcanzables que solo refuerzan nuestro sentimiento de insuficiencia. En lugar de compararnos con quienes tienen menos, nos fijamos en personas que parecen vivir una existencia ideal. Por ejemplo, en lugar de considerar la situación de quienes luchan por satisfacer sus necesidades básicas, nos comparamos con figuras públicas que llevan una vida de lujo, lo cual amplifica nuestras propias inseguridades.

Sin embargo, podemos reorientar esta tendencia hacia una mayor satisfacción personal. Al seleccionar puntos de referencia que nos hagan sentir más positivos, podemos transformar la comparación social en una herramienta de gratitud y apreciación. Si te encuentras preocupado por tu salario o tu hogar, intenta pensar en aquellos que enfrentan dificultades mucho mayores. Este simple cambio de perspectiva puede convertir la comparación en una fuente de mayor satisfacción y contento.

Además, nuestra mente a menudo distorsiona las comparaciones. Los estudios han mostrado que, al evaluar nuestras propias experiencias frente a las de los demás, tendemos a exagerar las dificultades ajenas y minimizar nuestras propias alegrías. Por ejemplo, podemos pensar que nuestros compañeros disfrutan de mayores éxitos académicos o sociales que los que realmente tienen, intensificando así nuestra percepción negativa de nosotros mismos.

Este sesgo en nuestras comparaciones subraya la importancia de mantener una perspectiva equilibrada. A menudo, nos comparamos con estándares poco realistas o inexactos, lo que puede llevarnos a un mayor malestar. Reconocer este patrón nos permite ajustar nuestras percepciones y centrarnos en lo que realmente cuenta.

¿Para qué quejarnos?

En cuanto a las quejas, se ha pensado que expresar nuestras frustraciones puede liberar emociones negativas. Sin embargo, la evidencia indica que quejarse frecuentemente no necesariamente mejora nuestra felicidad. En lugar de aliviar nuestras preocupaciones, enfocarnos en lo negativo llega a intensificar nuestro malestar. Al redirigir nuestra atención hacia las cosas por las que estamos agradecidos, podemos experimentar una mejora significativa en nuestro bienestar. Un ejercicio simple, como anotar las cosas buenas que nos ocurren, en lugar de centrarnos en lo negativo, puede tener un impacto notable en nuestra felicidad.

Frecuentemente, asumimos que nuestra felicidad está intrínsecamente ligada a las circunstancias externas que nos afectan. Es una creencia intuitiva, pero los estudios revelan que la verdadera fuente de satisfacción personal no proviene tanto de lo que nos sucede, sino de cómo elegimos actuar hacia los demás.

Imagina un experimento donde se entrega una suma de dinero a un grupo de personas, dándoles la opción de gastarla en sí mismos o en alguien más. Al finalizar el día y la semana, aquellos que decidieron usar el dinero para beneficiar a otros reportaron un nivel de felicidad mucho mayor que los que lo emplearon en su propio disfrute. Este hallazgo desafía la creencia común de que la autoindulgencia es la clave para una mayor satisfacción.

De hecho, el efecto positivo de la generosidad ha sido observado en diversas culturas, demostrando que esta tendencia no está limitada a una región específica. Por ejemplo, en ciertos países en desarrollo, incluso una pequeña cantidad de dinero puede tener un impacto significativo, como proporcionar medicamentos esenciales para una semana. Así, el acto de dar resulta ser una fuente de alegría más profunda que el gasto personal.

Este fenómeno nos lleva a cuestionar las nociones erróneas sobre la relación entre dinero y felicidad. Muchas personas piensan que un aumento considerable en sus ingresos les proporcionará una felicidad duradera. Sin embargo, los datos sugieren que, una vez alcanzado un nivel de ingresos adecuado, como 80,000 dólares anuales, los incrementos adicionales en el salario no mejoran proporcionalmente el bienestar ni reducen el estrés. Esta revelación desafía la suposición de que el dinero es la principal solución para una vida plena.

En contraste, para quienes enfrentan situaciones extremas como la pobreza o la violencia, mejorar sus circunstancias puede representar una diferencia significativa en su calidad de vida. No obstante, es crucial no extrapolar estos casos a la experiencia de la mayoría. Para la mayoría de las personas en condiciones relativamente estables, la clave para una mayor felicidad reside más en el cambio de comportamientos y actitudes que en la modificación de las circunstancias externas.

Las comparaciones entre diversas culturas muestran que, aunque las condiciones adversas pueden influir en la felicidad, la relación no es tan simple como se podría suponer. En comunidades con fuertes lazos sociales y un sentido profundo de solidaridad, las personas a menudo encuentran una mayor satisfacción a pesar de las dificultades económicas. Esto sugiere que la felicidad está influenciada en gran medida por la calidad de nuestras conexiones humanas y el sentido de pertenencia, más que por las circunstancias materiales.

En última instancia, la búsqueda de la felicidad se enriquece a través de nuestras acciones y relaciones más que a través de cambios externos en nuestras circunstancias. Mientras que mejorar las condiciones materiales puede ser esencial en situaciones de gran necesidad, para la mayoría de nosotros, la verdadera clave para alcanzar un bienestar profundo y duradero radica en cultivar la generosidad y fortalecer nuestras relaciones personales. Es en estos actos de bondad y conexión donde descubrimos una fuente de alegría más auténtica y perdurable.

Las experiencias de vida y su influencia en nuestra actitud

En la vida, a veces nos enfrentamos a pruebas tan severas que parecen aplastantes. Imagina a alguien que, desde joven, ha pasado más tiempo en quirófanos que en el mundo exterior, sometiéndose a complejos procedimientos médicos y enfrentando profundas transformaciones en su vida. Aunque una experiencia tan dura puede parecer el colmo de la desgracia, esta persona podría describirla como una bendición. Es difícil entender cómo algo tan adverso puede llevar a una mejora, pero al investigar la felicidad, descubrimos que esta no siempre está ligada a nuestras circunstancias inmediatas.

Los estudios sobre la felicidad revelan casos de individuos que han atravesado grandes adversidades, como enfermedades graves o pérdidas dolorosas, y aún así encuentran aspectos positivos en sus vidas. Estas experiencias refuerzan un punto esencial: aunque nuestras circunstancias pueden ser difíciles, nuestro bienestar no está determinado únicamente por ellas. Este hallazgo es un recordatorio potente de que nuestras percepciones sobre lo que nos hará felices pueden ser engañosas. A veces, al centrarnos excesivamente en nuestras propias dificultades, podemos perder la oportunidad de hacer una diferencia significativa en la vida de quienes realmente lo necesitan.

En lugar de obsesionarnos con cambiar nuestras circunstancias para alcanzar la felicidad, podría ser más beneficioso modificar nuestras actitudes y comportamientos. A menudo, cuando estamos inmersos en nuestras propias dificultades, es como si intentáramos colocarnos una máscara de oxígeno antes de asistir a los demás. Al estar tan enfocados en alterar nuestras propias condiciones, olvidamos que nuestra habilidad para ayudar a los demás también depende de nuestra resiliencia y actitud.

Los estudios sugieren que cultivar la gratitud y la resiliencia no solo mejora nuestro propio bienestar, sino que también nos prepara mejor para enfrentar y resolver problemas globales. La verdadera felicidad no se basa únicamente en mantener una actitud positiva constante, sino en lograr un equilibrio entre el bienestar personal y la capacidad de enfrentar desafíos de manera efectiva. Esta forma auténtica de felicidad nos permite enfrentar adversidades con fortaleza y empatía, sin ignorar las realidades duras del mundo.

El propósito de vida y la felicidad

En algunas culturas, como la danesa, se valora encontrar la alegría en los pequeños momentos cotidianos. La verdadera satisfacción no proviene de una actitud perpetuamente positiva, sino de un profundo sentido de propósito y plenitud.

Es fundamental cuestionar si estamos esforzándonos demasiado en mantener una fachada de positividad continua. La verdadera felicidad y bienestar se basan en sentirnos satisfechos con nuestras vidas y en encontrar significado en nuestras acciones. Los estudios han demostrado que las personas más felices tienden a involucrarse más en sus comunidades y a disfrutar de mejor salud. Esta forma genuina de felicidad se fundamenta en una satisfacción real con la vida, no en una simple actitud de sonreír y ser positivo.

Las emociones negativas, lejos de ser algo que debemos evitar, son una parte esencial de la experiencia humana. A menudo, las personas encuentran un profundo sentido de bienestar incluso cuando enfrentan dificultades. Por ejemplo, muchas madres primerizas, a pesar de la falta de sueño y las demandas físicas, encuentran una inmensa alegría y propósito en esta nueva etapa de sus vidas.

Los estudios sugieren que una positividad excesiva puede ser contraproducente. Enfrentar los problemas con una actitud exclusivamente positiva sin abordar la realidad de los desafíos puede alejarnos de nuestras metas. La clave está en equilibrar nuestras emociones, enfrentar los retos con realismo y gratitud, y reconocer que, aunque las circunstancias puedan ser difíciles, nuestra capacidad para encontrar satisfacción y significado radica en cómo elegimos vivir y actuar frente a esos desafíos.

Para alcanzar un éxito verdadero y realizar tus objetivos más profundos, es imperativo que reconozcas y enfrentes los obstáculos que se presentan en tu camino. A menudo, este proceso puede parecer desalentador, pero es una etapa esencial para lograr un bienestar duradero. En nuestra cultura actual, hay una tendencia a promover una actitud positiva superficial, simbolizada por las caritas sonrientes de los emojis. Sin embargo, esta visión no aborda la esencia del verdadero bienestar.

Las prácticas tradicionales, como la oración, el servicio a los demás y la expresión de gratitud, han demostrado ser cruciales para alcanzar una felicidad auténtica. Sin embargo, al alejarnos de estas tradiciones, a menudo nos desviamos del camino hacia una verdadera satisfacción. Es lamentable, pues a pesar de nuestros esfuerzos por encontrar la felicidad, frecuentemente la buscamos en lugares equivocados.

Es esencial que reconsideremos nuestras prioridades y entendamos que el éxito profesional y los logros individuales no son los únicos factores para una vida plena. Las relaciones sociales y la capacidad de vivir en el presente son aspectos que requieren tiempo y atención, que frecuentemente pasamos por alto en nuestra búsqueda de éxito. Para hallar una felicidad genuina, es necesario centrarse en lo que realmente importa y dedicar tiempo a aquello que enriquece nuestras vidas de manera auténtica.

Capítulo 12: Amor y relaciones saludables

"Solos podemos hacer tan poco, juntos podemos hacer tanto".

Helen Keller

Para nadie es un secreto que en la era moderna, nos encontramos rodeados de información que nos dice cómo deberíamos vivir nuestras vidas y qué esperar de nuestras relaciones. Las redes sociales nos bombardean con imágenes de lo que parece ser la vida perfecta, mientras que las presiones culturales siguen dictando cómo debemos actuar, especialmente como mujeres. Sin embargo, en medio de esta sobrecarga de expectativas, es fundamental que aprendamos a permanecer fieles a nosotras mismas para experimentar y mantener relaciones saludables y amorosas.

Cuando mis hijos crecieron y se fueron de casa, me di cuenta de que tenía que redescubrirme. Ya no podía definir mi vida en torno a ellos. Me encontré en una etapa en la que debía enfocarme en mí misma, y al hacerlo, todo a mi alrededor comenzó a cambiar. Comencé a ver cómo lo que escribía para mis hijos se manifestaba en sus vidas, pero eso solo fue posible porque primero me di el espacio para ser fiel a mi esencia.

Lo primero que aprendí fue a tomar acción. Dedicarme tiempo a mí misma, a descansar, a delegar, y sobre todo, a hacer esas cosas que siempre había querido pero que postergaba. Si otras mujeres pueden hacerlo, si otras culturas lo hacen, ¿por qué no nosotras? Las mujeres hispanas, especialmente, somos conocidas por nuestra dedicación, pasión y lealtad. Entonces, ¿qué nos detiene de aspirar a más? Muchas veces, la respuesta está en nosotras mismas. A veces, el mundo nos muestra problemas, y en lugar de quejarnos, es una invitación a ser parte de la solución.

Amarte a ti misma es el primer paso para cambiar tu entorno. Dedicar tiempo a entender por qué reaccionas de ciertas maneras, por qué ciertas situaciones desencadenan emociones profundas, es vital. Hay heridas del pasado que seguimos cargando sin darnos cuenta. Por ejemplo, el rechazo que experimenté cuando mi padre se fue me afectó profundamente. Aunque no siempre lo reconocí, ese dolor apareció en mi vida adulta, afectando mis relaciones, incluso en los negocios. Si no sanamos esas heridas, nos seguirán afectando, y en mi caso, me hicieron ver rechazos en lugares donde no los había.

"Mantener relaciones sentimentales requiere esfuerzo mutuo, pero al priorizarte, cultivas vínculos que celebran tu esencia y fomentan un crecimiento conjunto."

Ingrid Estrada

Los errores en el amor, relaciones tóxicas y dependencia

Al abordar el tema del amor, es relevante reconocer que solemos cometer errores mucho mayores en esta área que en decisiones más tangibles, como la compra de una propiedad. Cuando buscamos adquirir una casa o un apartamento, nos tomamos el tiempo para evaluar todos los aspectos importantes: la cantidad de luz natural, el nivel de ruido de los vecinos, y los costos asociados. Sin embargo, cuando se trata de una relación amorosa, frecuentemente nos dejamos guiar por una visión idealizada del amor, sin considerar detenidamente los factores subyacentes que pueden influir en la dinámica de la relación.

Imagina, por ejemplo, que te enteras de que una amiga cercana ha iniciado una relación con alguien mucho mayor que ella, alguien con una vida complicada y varias responsabilidades. Tu reacción inicial podría ser de preocupación, pues es natural cuestionar si una relación así puede prosperar. A pesar de estas inquietudes, a menudo nos convencemos de que el amor por sí solo tiene el poder de superar cualquier obstáculo, un pensamiento que puede llevarnos a ignorar señales de advertencia importantes.

Este es un mito poderoso y persistente que nos lleva a tomar decisiones equivocadas. La creencia de que el amor puede resolver todos nuestros problemas y garantizar la felicidad perpetua es engañosa. Casarse, por ejemplo, no es una garantía de una vida llena de dicha. La realidad es que el matrimonio implica enfrentar una serie de responsabilidades y desafíos diarios que requieren compromiso y esfuerzo continuo. La verdadera felicidad, lejos de ser una constante, es una experiencia que fluctúa y que debemos buscar activamente.

Otro mito común es la idea romántica de las almas gemelas, que sostiene que existe una persona ideal para cada uno de nosotros. Esta concepción, que sugiere una fusión perfecta entre dos personas, a menudo lleva a una pérdida de autonomía y a la confusión entre amor y dependencia. En lugar de buscar una fusión completa, es más saludable mantener nuestra identidad y encontrar un equilibrio en la relación.

También es importante cuestionar la idea del amor incondicional y eterno. La noción de que alguien puede vivir exclusivamente para otra persona, como a veces se expresa en canciones y narrativas románticas, puede ser perjudicial. El amor verdadero no significa olvidar quién eres ni sacrificar tus propios deseos y necesidades. En

155

cambio, se trata de encontrar una conexión profunda sin perderte a ti mismo en el proceso.

Como construir relaciones sólidas

Entender que el amor es una construcción social y personal puede ofrecer una perspectiva más realista. A lo largo de la historia, la concepción del amor ha cambiado significativamente, adaptándose a diferentes contextos culturales y sociales. Desde la antigüedad hasta la era moderna, las expectativas y definiciones del amor han evolucionado, reflejando los valores y normas de cada época.

Hoy en día, observamos que en muchos lugares hay más personas separadas que casadas, y una gran parte de las personas se arrepiente de sus decisiones amorosas. Solo un pequeño porcentaje encuentra realmente éxito en su relación sentimental. Por ello, es esencial examinar qué hacen estos individuos para lograr relaciones satisfactorias y duraderas. A menudo vemos parejas con diferencias marcadas en sus expresiones emocionales y expectativas, lo que subraya la importancia de conocerse y entenderse bien durante el noviazgo.

En definitiva, el amor es una experiencia compleja que requiere una comprensión profunda y una evaluación honesta de nuestras propias necesidades y expectativas. Solo al abordar el amor con realismo y auto-reflexión podemos evitar los errores comunes y construir relaciones significativas y saludables.

Los límites del amor

Aunque quisiéramos creer que el amor es una solución mágica para cualquier problema, la verdad es que el mismo, en su esencia, es una experiencia mucho más intrincada. Durante años, a través de incontables historias que he escuchado y acompañado, he podido ver cómo muchas personas depositan una fe ciega en la capacidad del amor para salvar lo que está destinado a fracasar. Y es precisamente a partir de esa observación que surge la necesidad de hablar abiertamente sobre las trampas emocionales en las que a veces caemos.

Una de las realidades más difíciles de aceptar es que no todas las relaciones son compatibles. Sin embargo, a pesar de reconocerlo en nuestro interior, es común que nos aferremos a relaciones que nos lastiman, ya sea por un profundo sentido de autosacrificio o por una dependencia emocional que nos hace sentir incapaces de continuar sin la otra persona. Este tipo de dependencia es peligrosa, ya que nos coloca en una posición de vulnerabilidad extrema, confundiendo esa necesidad con amor verdadero. La adicción emocional es muy real, y muchas veces ni siquiera somos conscientes de cómo afecta nuestra vida.

Es esencial que aprendas a hacer una distinción clara entre la necesidad y la preferencia. Cuando necesitas a alguien, esa persona se convierte en la pieza central de tu bienestar, lo que te hace sentir que sin ella no podrías sobrevivir. En cambio, cuando prefieres estar con alguien, eliges su compañía desde la libertad, sabiendo que, aunque su ausencia sería dolorosa, podrías continuar adelante. Aquí es donde entra en juego el concepto del apego: cuando ese vínculo que te une a otra persona se vuelve destructivo, incapacitándote para renunciar a él aun cuando sabes que deberías hacerlo. Este tipo de apego prolonga un sufrimiento que no te conduce a ningún aprendizaje, que no te permite avanzar.

Las relaciones que se han vuelto insostenibles, esas en las que cada día parece ser una batalla, deben ser analizadas con frialdad y realismo. Mantenerte en una situación que te destruye lentamente no solo desgasta tu espíritu, sino que te impide crecer como persona. Y es en ese momento cuando necesitas considerar el valor del dolor "útil". Es preferible atravesar el dolor de una separación, enfrentarte al duelo necesario para sanar, que seguir perpetuando un sufrimiento sin propósito. Es en ese dolor, el que viene con la ruptura, donde se esconde la posibilidad de un renacimiento personal, de redescubrirte a ti mismo fuera de una relación que ya no es más que una sombra de lo que alguna vez fue.

En muchas ocasiones, veo cómo las personas, tras salir de relaciones destructivas, se aferran a los recuerdos de lo que alguna vez fue bueno, idealizando los momentos felices y minimizando el dolor vivido. Es una reacción natural, pero también es una trampa emocional. Nos quedamos atados a una versión del pasado que, en realidad, ya no existe. El tiempo cambia a las personas, y las relaciones no son estáticas. Lo que alguna vez fue ya no es, y seguir mirando atrás solo prolonga el duelo.

En estos casos, la esperanza, que en otros contextos puede ser una fuente de fortaleza, se convierte en una trampa. Aferrarse a la idea de que "algún día" todo mejorará, sin evidencia alguna de que eso sucederá, te condena a una vida de espera, a un sufrimiento prolongado que podría haberse evitado. He conocido personas que, a pesar de vivir en relaciones llenas de dolor, se aferran a esa esperanza como si fuera su única ancla. Pero, ¿hasta qué punto es beneficioso esperar un cambio que no llega? A veces, lo más sano es abandonar esa esperanza y optar por la claridad. Mirar la realidad tal como es, sin adornarla, y tomar decisiones desde la lucidez.

El duelo que sigue a una ruptura, por doloroso que sea, es parte del proceso natural de sanar. No puedes simplemente "desenamorarte" a la fuerza, pero puedes aceptar la verdad de tu situación y avanzar con honestidad. En lugar de aferrarte a una relación que ya no te proporciona el respeto, el cariño y la reciprocidad que necesitas, es crucial aprender a dejar ir y a priorizar tu bienestar emocional. El amor debe ser un camino de crecimiento, no una prisión de expectativas no cumplidas.

El papel del dolor en una relación

Existe una creencia común, casi automática, de que el dolor es una parte inevitable de cualquier relación, una idea tan arraigada que nos lleva a asumir que si otros han sufrido en el amor, nosotros también debemos hacerlo. Pero eso no es verdad. Tú tienes el derecho, e incluso el deber, de no sufrir en una relación. Si en algún momento sientes que tus derechos están siendo ignorados o violados, entonces es fundamental que los hagas valer. No se trata de aguantar ni de tolerar lo intolerable, sino de establecer límites claros que protejan tu bienestar emocional.

A pesar de esto, muchas veces nos encontramos atrapados en relaciones insostenibles, relaciones que nos desgastan emocionalmente y que parecen no tener salida. La razón por la que esto sucede a menudo tiene sus raíces en los modelos equivocados que hemos aprendido a lo largo de nuestra vida. Desde muy pequeños, nos exponen a un ideal de amor que está lejos de ser realista. Nos enseñan que amar implica sacrificio, que debemos aceptar el dolor como parte del vínculo, y que el sufrimiento es un precio justo a pagar por el amor. Estos conceptos erróneos se ven reforzados por los mensajes que recibimos de nuestro entorno, ya sea a través de la cultura, las películas o incluso los cuentos que nos cuentan de niños.

Pero, ¿qué sucede cuando llevamos estas ideas a la práctica? Lo que descubrimos es que el amor, tal como se nos enseñó a verlo, rara vez se refleja en la vida real. La versión del amor romántico que idealizamos es inalcanzable y a menudo nos deja frustrados, preguntándonos por qué no funciona en nuestras propias relaciones. Y en ese desconcierto, muchos terminan creyendo que amar significa soportar, aguantar, resistir lo que sea necesario. Pero aquí es donde necesitamos cambiar el enfoque. Amar no significa sacrificar tu dignidad o tu felicidad.

Para ilustrarlo mejor, imagina que alguien te dice que ha estado casado por 30 años y que ha pasado ese tiempo "soportando" a su pareja. La sola palabra "soportar" ya sugiere una carga, algo que se aguanta con esfuerzo, como si esa relación fuera una lucha diaria. Si escuchas esto, es probable que sientas que esa relación no es precisamente un modelo de lo que el amor debería ser. Ahora bien, ¿cómo cambiaría tu perspectiva si esa persona te dijera que lleva 30 años "respetando" a su pareja? El respeto, a diferencia de la tolerancia, evoca algo completamente diferente. No se trata de simplemente aguantar las diferencias del otro, sino de reconocer y valorar esas diferencias como una parte natural de la relación. El respeto es la base sobre la cual se puede construir una relación genuina y saludable, y es lo que permite que dos personas crezcan juntas sin anularse mutuamente.

Muchas veces nos encontramos celebrando las relaciones largas, como si la cantidad de años juntos fuera la prueba definitiva de éxito en el amor. Vemos a parejas que han estado juntas durante décadas y les aplaudimos sin detenernos a pensar en lo que realmente ha sucedido dentro de esa relación. Celebramos bodas de plata, de oro, incluso de diamante, como si el simple hecho de resistir el paso del tiempo fuera lo único que importara. Pero, ¿alguna vez nos detenemos a preguntarnos qué ha sido de esas personas durante todos esos años? ¿Realmente han sido felices o simplemente han soportado el peso del tiempo?

Imagina la escena: una pareja de ancianos, celebrando sus 70 años juntos. La imagen que vemos es entrañable, y muchos los miran con admiración, con la idea de que su relación es un ejemplo a seguir. Son presentados en público, aplaudidos, felicitados. Pero, ¿qué pasaría si les preguntaras cómo han vivido realmente todos esos años? Tal vez te sorprenderías al escuchar que su vida juntos no ha sido más que un largo ejercicio de resistencia, de soportar los altibajos sin que haya habido un verdadero crecimiento emocional o una conexión profunda. ¿Es eso lo que realmente queremos celebrar? No deberíamos medir el éxito de una relación por el número de años, sino por la calidad de la relación misma.

El amor no debería consistir en una lucha constante, ni en una resistencia silenciosa. No se trata de cuántos años puedes soportar junto a alguien, sino de cómo esos años han sido vividos. El respeto mutuo, la comprensión y la capacidad de caminar juntos a lo largo del tiempo, sin perder la propia identidad ni exigir al otro que lo haga, es lo que verdaderamente define una relación sólida. Así que, cuando pienses en el amor, recuerda que no se trata de aguantar, sino de encontrar una conexión auténtica, basada en el respeto y el aprecio por lo que cada uno aporta a la relación.

Características de una relación sana de pareja

En nuestro camino hacia el entendimiento profundo de nuestras relaciones, es natural cuestionarse si estamos con la persona adecuada o si nuestra conexión es realmente saludable. Pero, ¿cómo podemos discernir si una relación es sólida y beneficiosa para ambos?

Una relación amorosa no debe ser vista como un sustituto de una buena amistad o de un círculo cercano de amigos, ya que cada uno desempeña un rol distinto en nuestra vida. No obstante, la amistad debe ser el cimiento sobre el que se edifica una relación de pareja. Reflexiona: ¿Es tu pareja la primera persona con la que sientes el deseo de compartir tus éxitos, tus pensamientos más íntimos o tus inquietudes? Si la respuesta es afirmativa, estás construyendo una relación basada en una sólida conexión emocional. La complicidad y la intimidad juegan papeles igualmente cruciales; sin ellas, la relación carece de los cimientos necesarios para sostenerse a largo plazo.

Un aspecto clave que distingue a una pareja de un amigo es la atracción física. Aunque es natural que esta cambie con el tiempo, es fundamental que sigas sintiendo esa chispa especial. Si encuentras belleza en los pequeños detalles cotidianos de tu pareja; ya sea en la forma en que prepara una comida, en su habilidad para hacer reír a los niños, o en la alegría que transmite durante una actividad sencilla; esto es una señal positiva de que la atracción sigue presente.

La aceptación es otro componente esencial de una relación sana. Pregúntate a ti misma: ¿Acepto a mi pareja tal como es, sin intentar cambiarla?, y a la inversa, ¿me acepta el a mí sin intentar modificarme? Si en algún momento sientes que estás forzando a tu pareja a asumir un rol o una conducta que no le es natural, es crucial que reconsideres la viabilidad de la relación. Los valores y objetivos compartidos, como las creencias sobre la crianza, el manejo del hogar y la planificación del tiempo libre, también juegan un papel determinante. Aunque no es necesario coincidir en cada detalle, la compatibilidad en los principios fundamentales es vital para construir un futuro juntos.

La habilidad para llegar a acuerdos es otro aspecto fundamental de una relación equilibrada. Ninguna pareja está en total armonía en todos los aspectos, pero si ambos pueden negociar y resolver conflictos sin imponer sus puntos de vista, están estableciendo un terreno de respeto mutuo. Esta capacidad para enfrentar desafíos juntos sin que surjan resentimientos es esencial para mantener una relación duradera y saludable.

La honestidad es el factor fundamental de cualquier relación sólida. La falta de transparencia y la deshonestidad llegan a destruir la confianza, un componente esencial para una conexión genuina. La sinceridad y la apertura fortalecen el vínculo entre ambos, permitiendo que la relación se desarrolle de manera armoniosa.

En una relación de pareja el individualismo se mantiene

Es igualmente importante reconocer que, aunque estés en una relación, sigues siendo una persona completa con tus propias necesidades y deseos. Amar desde la libertad significa mantener tu independencia y saber que tu pareja está contigo por decisión propia, no por obligación o manipulación. Nadie pertenece a nadie; ambos deben tener la libertad de crecer como seres independientes dentro de la relación.

Una relación sana se basa en la reciprocidad; ambos deben esforzarse por satisfacer las necesidades emocionales y afectivas del otro. Si una sola persona da sin recibir nada a cambio y la otra se convierte en un receptor pasivo, la relación comenzará a debilitarse. Es esencial que ambos se comprometan a conocerse y a satisfacer las necesidades mutuas. Al mismo tiempo, es relevante expresar nuestras propias necesidades de manera clara y honesta. No podemos esperar que nuestra pareja adivine lo que necesitamos; es nuestra responsabilidad comunicarlo de manera abierta y directa. Solo así podremos evitar malentendidos y fortalecer el vínculo que compartimos.

En una relación de pareja, la comunicación no es solo un intercambio de palabras, sino un proceso vital para construir una conexión profunda y resolver conflictos de manera efectiva. Una comunicación sana es el cimiento sobre el que se edifica una relación sólida. Para lograr esto, es esencial practicar la negociación y el acuerdo mutuo, evitando reproches y acusaciones que solo complican la convivencia. Es fundamental que la comunicación sea asertiva y empática, permitiéndote ponerte en el lugar del otro para facilitar la resolución de problemas y fortalecer el vínculo.

Una relación de pareja debería ser un espacio de armonía y satisfacción, no un campo de batalla constante. Si te encuentras en una lucha perpetua para que la relación funcione, es posible que estés pasando por una etapa crítica que requiere reflexión. Si uno de ustedes se siente constantemente descontento con lo que el otro dice, hace o piensa, es vital evaluar si estos problemas son de verdadera relevancia. No hay que sentirse culpable por no aceptar lo que te resulta inaceptable; a veces, lo que no encaja en tu vida simplemente no debe estar presente.

Es importante recordar que el amor no debería ser una carga ni una fuente de sufrimiento. Elegir a alguien como pareja implica un compromiso de apoyo, respeto y amabilidad, con el objetivo de compartir un proyecto de vida en común. No se trata de estar atrapada en una relación que te hace sentir menospreciada o restringida. Para mantener una relación saludable, es esencial dedicar tiempo de calidad a tu pareja. La idea de que "compartir es vivir" cobra especial relevancia aquí. Compartir actividades, paseos y conversaciones contribuye a fortalecer el vínculo; si no inviertes tiempo en disfrutar juntos, es probable que la relación se desgaste con el tiempo.

Si, tras reflexionar sobre estos aspectos, sientes que tu relación cumple con los criterios mencionados, puedes sentirte tranquila, ya que probablemente está en un buen camino. Aunque la vida trae consigo altibajos, una relación sana proporciona el apoyo necesario para superar las dificultades. No obstante, si descubres que la relación te deja crónicamente insatisfecha o que los problemas de convivencia son persistentes y difíciles de manejar, puede ser momento de reconsiderar la base de la relación.

Capítulo 13: El valor del coraje

"Acepta tus victorias, sean cuales sean, aprécialas, utilízalas, pero no te conformes".

Mia Hamm

Comencemos este capítulo analizando unos datos estadísticos, según estudios recientes, el 60% de los trabajadores globales reportan sentirse bajo una presión creciente debido a la incertidumbre económica y tecnológica, lo que ha llevado a un aumento en los niveles de estrés y ansiedad. A nivel personal, el 70% de las personas afirman que las demandas laborales afectan su bienestar emocional. En este contexto, el coraje se convierte en una herramienta clave no solo para superar adversidades, sino también para adaptarse y mantenernos enfocados en nuestras metas a largo plazo.

Tener claridad sobre lo que realmente queremos en la vida es fundamental para desarrollar ese coraje. Cuando comprendemos profundamente el "por qué" detrás de nuestras acciones y objetivos, encontramos una fuente inagotable de motivación. Sin esa claridad, nuestros sueños corren el riesgo de quedarse en el aire, como meros deseos que nunca se concretan. Convertir esos sueños en una visión concreta requiere más que solo aspiraciones; necesita una combinación de fuerza interior y valentía para enfrentar lo que venga. En mi caso, mi objetivo actual es llevar mis sueños al siguiente nivel, aplicando todo lo que he aprendido para gestionar y expandir mi negocio. Este proceso no ha sido fácil, pero es mi determinación la que me impulsa a seguir adelante, a pesar de los desafíos.

El coraje no solo me ha ayudado a mantenerme enfocada en mis metas, sino también a enfrentar los momentos de duda. Uno de los aspectos más importantes de mi visión es alcanzar una estabilidad financiera que no solo beneficie a mi familia, sino que también cree un legado para las futuras generaciones. La llegada de mis nietos ha profundizado aún más este deseo. He aprendido que, para alcanzar estos objetivos, es relevante priorizar lo que realmente importa y evitar distracciones innecesarias. Pero priorizar y enfocarse también requiere valentía. Es fácil desviarse o dejarse llevar por las expectativas de los demás, pero mantenerse fiel a lo que uno quiere demanda una fortaleza interior constante.

Como mujeres, a menudo enfrentamos una multitud de responsabilidades y expectativas que pueden dispersar nuestro enfoque. No obstante, es esencial que nuestras acciones estén alineadas con un propósito claro y, sobre todo, que tengamos el coraje de imponernos cuando sea necesario. Una de mis visiones personales es construir un negocio que no solo sea exitoso, sino que también tenga un impacto positivo en la vida de los demás. Esta aspiración ha sido inspirada por una amiga que usa su propio negocio para bendecir a madres solteras y personas en situaciones difíciles. Para mí, esa misma valentía para dar sin esperar nada a cambio ha sido una de las mayores lecciones que he aprendido. Porque el coraje también significa salir de uno mismo, usar nuestras experiencias, incluso las más dolorosas, para ayudar a otros.

Me pregunto frecuentemente: ¿Qué haría si el tiempo y el dinero no fueran limitaciones? Reflexionar sobre esto me lleva a profundizar en mi deseo de ayudar a otros a descubrir su identidad y establecer una vida rica en todos los aspectos, no solo financieros. La riqueza, en mi visión, incluye relaciones saludables, una vida equilibrada y una comunidad fuerte. Pero para llegar a este punto, es necesario tener el coraje de enfrentar nuestras propias limitaciones y miedos.

Uno de mis mayores sueños es crear una organización que brinde apoyo a madres solteras, ofreciendo recursos y ayuda en momentos de necesidad. Pero incluso este sueño no sería posible sin la valentía de tomar decisiones difíciles y de enfrentar mis propios miedos. A menudo, las adversidades que enfrentamos nos muestran de lo que somos capaces, si tenemos la determinación de seguir adelante. La pasión por ayudar y apoyar a mi comunidad es lo que me motiva, y es esta pasión la que me ha permitido superar muchos de los desafíos que la vida me ha puesto enfrente.

Cada experiencia de dolor, cada obstáculo, puede convertirse en una fuente de fortaleza. El coraje no solo se encuentra en los grandes actos heroicos, sino en las pequeñas decisiones diarias de levantarse después de caer. He aprendido que enfrentar los retos con claridad y valentía es lo que me permite avanzar, incluso cuando las cosas parecen difíciles.

El camino hacia el éxito está lleno de altibajos, pero el coraje es lo que nos permite mantenernos firmes y seguir adelante. La capacidad de aprender de nuestros errores, de aceptar que fallaremos y de usar esos fallos como oportunidades para crecer, es esencial para construir una vida rica y satisfactoria. Con valentía, podemos no solo superar nuestros propios desafíos, sino también crear un impacto positivo en las vidas de quienes nos rodean. El coraje, entonces, es el ingrediente clave para materializar nuestros sueños y dejar un legado duradero.

"El coraje es la chispa que enciende tu espíritu; te impulsa a enfrentar desafíos y a descubrir tu verdadera fortaleza interior."

Ingrid Estrada

El motor para la transformación personal

El coraje es una fuerza fundamental que impulsa nuestra capacidad para enfrentar y superar los desafíos que se presentan en la vida. Este coraje se manifiesta de muchas maneras, desde los grandes retos hasta las luchas diarias. Es una herramienta poderosa que nos permite no solo sobrevivir, sino también prosperar en medio de la adversidad.

Reconocer que lo que dices y haces tiene el potencial de inspirar y motivar a otros es un acto de valentía. Esta comprensión te ayuda a ver que el don que has recibido para hacer una diferencia significativa en la vida de las personas no es una coincidencia. Es una parte intrínseca de tu propósito. Cada desafío que enfrentas y cada adversidad que superas te acerca más a cumplir esa misión.

Incluso si has sido víctima de comentarios desalentadores que cuestionan tu inteligencia o valor, es vital entender que estas palabras no definen tu esencia. En mi experiencia personal, enfrenté críticas duras de personas de mi entorno, que intentaron minar mi confianza. Sin embargo, aprendí que esas palabras no reflejaban mi verdadero yo. Este proceso de autoafirmación y auto-descubrimiento, que puede ser difícil pero es esencial, es un ejemplo de coraje. Al enfrentar estos desafíos internos y externos, te das cuenta de que tienes la capacidad de ayudar a otros a encontrar el amor y el propósito que merecen.

Las heridas no sanadas de la infancia a menudo se manifiestan en nuestras decisiones y comportamientos como adultos. Afrontar y sanar estas heridas es un acto de coraje. Es un proceso que requiere una profunda introspección y disposición para confrontar aspectos dolorosos de nuestro pasado. Al hacerlo, no solo curamos nuestras propias heridas, sino que también nos liberamos de las limitaciones autoimpuestas que afectan nuestras vidas actuales.

Un desafío personal reciente que enfrenté fue el diagnóstico de demencia de mi madre. Este golpe emocional fue un duro recordatorio de lo frágil que puede ser la vida. Sin embargo, en medio de esta tormenta, experimenté un momento de alegría cuando vi a mi nieta recibir una medalla por un logro simple, aparentemente, pero significativo. Este pequeño destello de felicidad me recordó que, incluso en los momentos más oscuros, el coraje para encontrar y celebrar la luz es esencial para nuestra resiliencia.

Es fundamental no permitir que las dificultades te definan ni te arrastren hacia la desesperanza. En lugar de ello, enfócate en tu fortaleza interior y en el coraje que posees para enfrentar cada situación con determinación. Usa tu coraje para transformar tu vida y la de quienes te rodean. Al hacerlo, no solo superas obstáculos, sino que también construyes un legado de fortaleza y valentía que puede inspirar a otros.

Recuerda, la valentía no es la ausencia de miedo, sino la voluntad de actuar a pesar de él. Es una fuerza que te permite superar los desafíos y convertir las adversidades en oportunidades de crecimiento. Eres más fuerte de lo que imaginas y tienes el poder para cambiar tu vida y el mundo a tu alrededor. Con cada desafío que enfrentas, con cada miedo que superas, te acercas más a convertirte en la mejor versión de ti mismo y en una fuente de inspiración para los demás.

Como cultivar el hábito del coraje

Visualiza que te enfrentas a tu mayor desafío, el más grande de todos los obstáculos en tu búsqueda de alcanzar metas ambiciosas. Este problema, lejos de ser un muro impenetrable, es una prueba diseñada para evaluar la fuerza de tu determinación y la intensidad de tu deseo. Recuerda las veces en que tu firme decisión de seguir adelante fue la clave para superar dificultades. Cada vez que te encuentres frente a un obstáculo o sientas el peso del desánimo, rememora esas experiencias de éxito. Comprométete con la idea de que no te rendirás nunca, mientras el fervor por alcanzar tu objetivo siga vivo en ti.

En cada reto, dificultad o contratiempo, se oculta una oportunidad para crecimiento o beneficio. Es fundamental adoptar la perspectiva de que cada problema encierra la semilla de una posible ventaja. Tu enfoque debe centrarse en descubrir y aprovechar estas oportunidades. Reflexiona sobre las acciones que puedes tomar ahora mismo para resolver los problemas que enfrentas o para avanzar hacia tus objetivos, y actúa con determinación. La perseverancia es el pilar de los grandes logros; tu habilidad para decidir, iniciar y mantenerte firme a pesar de los obstáculos es lo que define tu éxito.

El coraje, estrechamente ligado a la perseverancia, es un aspecto fundamental. Superar el miedo y desarrollar este hábito llega a ser uno de los mayores desafíos que enfrentes. El miedo, eterno y omnipresente, representa uno de los más grandes enemigos del ser humano. La amenaza real no siempre radica en los objetos o situaciones temidas, sino en la emoción misma del miedo, que engendra ansiedad y tensión. Al cultivar una intrepidez genuina y una confianza inquebrantable, se abrirán ante ti nuevas avenidas y posibilidades. Imagina lo que podrías lograr si el miedo no fuera un factor en tu vida.

Elimina tus miedos

Es alentador saber que el coraje, como cualquier otra habilidad, puede ser desarrollado. Para conseguirlo, necesitas enfrentarte a tus miedos mientras construyes una confianza sólida que te permita afrontar los inevitables altibajos de la vida. Mantén una actitud de resiliencia y determinación frente a los problemas. Cuando enfrentes desafíos, mantén la cabeza erguida y afronta cada situación con la firme convicción de que puedes superarla.

El primer paso para vencer el miedo y fortalecer tu gallardía es comprender las raíces de tus temores. Estos a menudo se originan en experiencias tempranas, como críticas destructivas durante la infancia, que pueden manifestarse como miedos al fracaso o al rechazo. Estos miedos te hacen temer la pérdida de recursos, tiempo o inversiones emocionales, y pueden llevarte a ser excesivamente sensible a la desaprobación de los demás, provocando parálisis e indecisión.

El miedo también suele estar vinculado a la ignorancia. La falta de información puede intensificar la inseguridad y llevarte a evitar el cambio. En cambio, adquirir conocimiento y experiencia en un área específica te proporciona mayor confianza y reduce el temor. Por ejemplo, el dominio de habilidades como la conducción o la ejecución de un instrumento musical elimina el miedo, permitiéndote enfrentar nuevas situaciones con seguridad.

La salud física juega un papel significativo en cómo enfrentamos el miedo. El cansancio o la enfermedad pueden aumentar nuestra predisposición al temor. Un descanso adecuado o unas vacaciones revitalizantes pueden renovar tu energía y mejorar tu actitud ante los desafíos. La importancia del descanso y la relajación para fortalecer el coraje y la autoconfianza no puede subestimarse.

Es natural y común sentir miedo. Todos enfrentamos temores en diversas áreas de nuestras vidas. La valentía no se define por la ausencia de miedo, sino por la forma en que enfrentamos y superamos esos temores. La verdadera osadía reside en avanzar a pesar del miedo, y al hacerlo, nuestra autoestima crece mientras nuestros temores se disipan. Afrontar tus miedos y seguir adelante a pesar de ellos fortalece tu carácter y te acerca a tus metas más preciadas.

Enfrentar nuestros miedos es esencial, pues cuando los evitamos, estos tienden a expandirse y a dominar todos los aspectos de nuestra vida. Esta expansión del miedo tiene el efecto de disminuir nuestra autoestima, autoconfianza y autorrespeto. Enfrentar lo que tememos es fundamental para evitar que el miedo tome el control de nuestra existencia.

El primer paso hacia la superación del miedo es identificar, definir y analizar tus temores de manera objetiva. Toma una hoja de papel y en la parte superior escribe la pregunta: "¿Qué me asusta?" Luego, elabora una lista de todos tus miedos, desde los más grandes hasta los más pequeños. Incluye temores comunes como el miedo al fracaso, a la pérdida, al rechazo o a las críticas. Muchas personas, atrapadas en el miedo al fracaso, se concentran en justificar o esconder sus errores, evitando así enfrentar la posibilidad de equivocarse. Otros, temerosos del rechazo, pueden volverse tan sensibles a la opinión ajena que evitan actuar hasta estar completamente seguros de recibir aprobación.

Una vez que hayas elaborado tu lista, clasifica estos según su impacto en tu vida. Identifica cuál de estos temores tiene un efecto mayor en tus pensamientos y acciones. Pregúntate: ¿Cómo afecta este miedo a mi vida? ¿Cómo me ha beneficiado en el pasado? ¿Qué podría ganar al superar este miedo?

Considera, por ejemplo, que en una ocasión descubrí que uno de mis mayores temores era a la pobreza. Este miedo se había arraigado durante mi infancia, influenciado por la preocupación constante de mis padres por el dinero durante tiempos económicos difíciles. Este temor se intensificó en mis años de juventud cuando enfrentaba dificultades económicas. Al analizar cómo este miedo me había ayudado, me di cuenta de que me impulsó a trabajar más arduamente y a desarrollar una fuerte independencia económica. Superar este miedo me permitió asumir más riesgos, perseguir mis metas con mayor determinación y reducir mi preocupación constante por el dinero.

Haz del coraje una costumbre

El coraje se transforma en un hábito a través de la práctica constante. Comienza a desarrollar temple enfrentando valientemente las situaciones que requieren fortaleza. La valentía se cultiva mediante la acción repetida; lanzarte a nuevas experiencias, probar cosas diferentes o abandonar tu zona de confort son maneras efectivas de practicar el coraje. Observamos que quienes alcanzan el éxito suelen ser aquellos que toman riesgos en lugar de esperar que todas las condiciones sean ideales.

El futuro pertenece a quienes están dispuestos a arriesgarse, no a quienes buscan seguridad constante. La vida tiene una ironía: cuanto más buscamos seguridad, más difícil resulta alcanzarla. Sin embargo, al perseguir activamente nuevas oportunidades, es más probable que logremos la seguridad que deseamos. Cuando sientas miedo o ansiedad, enfoca tu atención en tus metas. Visualiza con claridad la persona en la que deseas convertirte y actúa en concordancia con esa imagen. El miedo es natural, pero debe ser contrarrestado con valentía y confianza. Recuerda que aquello en lo que concentras tu atención crece. Dominar el temor y cultivar el coraje son claves para una vida plena y exitosa. Comprométete a desarrollar el hábito del coraje y observarás una transformación significativa en tu vida.

A medida que avanzas en tu vida, alcanzarás un momento en que tus temores dejarán de dominar tus decisiones. Al fijarte metas significativas y apasionantes, que te desafíen y te inspiren, desarrollarás una confianza sólida en tus capacidades. Esta confianza te permitirá enfrentar cada situación con serenidad y firmeza. El elemento crucial para alcanzar este estado es el coraje. Aunque es natural pensar que aprender de quienes han alcanzado el éxito te proporcionará una ventaja significativa, la realidad es que la utilidad de cualquier consejo está condicionada a la acción que tomes. Si el conocimiento por sí solo fuera suficiente para conseguir grandes logros, todos los que leen libros sobre éxito serían automáticamente exitosos. Las librerías están llenas de literatura de autoayuda repleta de estrategias para lograr el éxito, pero estos consejos solo tienen valor si te motivan a actuar con determinación y persistencia hasta alcanzar tus metas.

Seguramente ya has tomado decisiones sobre qué aspectos de tu vida deseas potenciar y cuáles deseas reducir. Es probable que hayas establecido objetivos en diversas áreas y que hayas hecho resoluciones con la intención de cumplirlas. La cuestión crítica para tu futuro es si serás capaz de llevar a cabo lo que te has propuesto. La autodisciplina se erige como la cualidad más esencial para alcanzar el éxito. Esta capacidad se basa en tu fuerza interna de carácter y en la voluntad de hacer lo necesario en el momento adecuado, independientemente de tus ganas o desgano.

El carácter se manifiesta en tu habilidad para mantener tus resoluciones incluso cuando el entusiasmo inicial se ha desvanecido. Lo esencial para tu futuro no radica solo en el conocimiento adquirido, sino en tu capacidad para disciplinarte y seguir adelante, pagando el precio una y otra vez hasta alcanzar tus objetivos. Necesitas autodisciplina para fijar metas claras y elaborar planes efectivos para lograrlas. Esta cualidad te permitirá revisar y ajustar tus estrategias a medida que adquieras nueva información, gestionar tu tiempo de manera eficiente y mantenerte enfocado en las tareas más importantes en cada momento.

La autodisciplina también es fundamental para invertir en tu crecimiento personal y profesional, aprendiendo continuamente lo necesario para disfrutar del éxito que eres capaz de alcanzar. Debes ser capaz de posponer gratificaciones inmediatas, gestionar tus finanzas con prudencia y trabajar hacia la independencia económica a lo largo de tu vida. Además, es esencial que mantengas tu visión en tus metas y sueños, superando las dudas y temores, y que enfrentes cualquier dificultad con una actitud positiva y constructiva.

La persistencia como elemento clave

La perseverancia se revela como una manifestación clave de la autodisciplina cuando enfrentas dificultades. Esta perseverancia es una auténtica medida de tu confianza en ti mismo y en tu capacidad para triunfar. Cada vez que persistes frente a la adversidad y la desilusión, fortaleces el hábito de la perseverancia, acumulando orgullo, poder y autoestima en tu carácter. Esto te hace más fuerte y más resuelto, mejorando tu autodisciplina y energía personal, y desarrollando la cualidad esencial del éxito que te permitirá superar cualquier obstáculo que encuentres en tu camino.

La verdadera garantía del éxito es la perseverancia. A medida que avances hacia tus metas, descubrirás que la perseverancia es la cualidad que asegura tu éxito final. En tiempos de dificultad, la perseverancia es la que marca la diferencia entre el triunfo y el fracaso. No puede ser sustituida por el talento, el genio o la educación. Los individuos que alcanzan el éxito comparten una fuerza de voluntad inquebrantable y una perseverancia firme.

Hace milenios, un sabio oriental ya había señalado que nuestra verdadera gloria no radica en evitar las caídas, sino en nuestra capacidad para levantarnos cada vez que caemos. La idea central es que la perseverancia no conoce el final hasta que realmente se ha alcanzado el objetivo. De hecho, el fracaso solo se produce cuando dejamos de intentar. La verdadera esencia del éxito reside en mantener la determinación y en seguir adelante sin importar las dificultades.

Los triunfadores han aprendido que la perseverancia es el elemento clave para alcanzar las metas más ambiciosas. La diferencia entre quienes logran grandes éxitos y quienes no lo hacen radica en su capacidad para mantenerse firmes ante la adversidad. En los negocios y en la acumulación de riqueza, el éxito absoluto se basa en una voluntad inquebrantable y en la capacidad de avanzar cuando todo parece indicar que es el momento de detenerse.

Existe una paradoja importante que merece atención: aunque resulta lógico intentar evitar la adversidad y minimizar las dificultades, estas son inevitables y forman parte de la vida. Las desilusiones y los contratiempos, aunque tratemos de evitarlo, siempre estarán latentes. A medida que nuestras metas se vuelven más grandes, los desafíos y obstáculos también aumentan. Esta paradoja revela que el verdadero crecimiento personal y el desarrollo solo se logran al enfrentar y aprender de la adversidad. Las lecciones más valiosas de la vida a menudo provienen de los desafíos que intentamos eludir.

A lo largo de la historia, los grandes pensadores han reconocido que la adversidad es una prueba indispensable en nuestro camino hacia logros significativos. Un filósofo de la antigüedad observó que la adversidad despierta nuestras fuerzas y cualidades dormidas. Fortalezas como el coraje, la integridad y la perseverancia se revelan cuando enfrentamos grandes desafíos y respondemos de manera positiva.

La investigación realizada en importantes centros académicos revela que nuestra reacción ante las dificultades puede ser un indicador fiable de nuestro potencial para alcanzar grandes logros. Si aprendemos de las decepciones y seguimos avanzando sin dejarnos detener por ellas, estamos bien encaminados para conseguir nuestras metas más ambiciosas.

Un hallazgo fascinante es que muchos de nuestros mayores triunfos suelen ocurrir justo después de esos momentos en los que sentimos que hemos llegado al límite de nuestras fuerzas. A lo largo de la historia, numerosos individuos se han dado cuenta de que sus mayores éxitos llegaron tras persistir en medio de las pruebas más duras y las señales más desalentadoras. Esta última prueba de resistencia, conocida como la prueba de la perseverancia, a menudo precede a los logros más significativos y trascendentales en cualquier ámbito.

Es notable cómo muchas personas abandonan justo cuando están a un paso de alcanzar el éxito. En el umbral de la victoria, es común rendirse en el último momento, justo cuando el triunfo está al alcance de la mano. Esta tendencia a desistir antes de alcanzar la meta es un patrón recurrente en las historias de éxito. Los verdaderos triunfadores son aquellos que hacen un esfuerzo adicional, cuando parece que todo conspira en su contra.

La perseverancia y la continuidad son principios fundamentales en la vida de aquellos que han alcanzado el éxito. La historia está llena de relatos donde el éxito se manifiesta justo antes de lo que parecía un fracaso inevitable. Es en esos momentos críticos, cuando mantener la visión y la determinación se convierte en un desafío monumental, que el éxito se hace posible.

En textos clásicos sobre el éxito, se menciona que enfrentar derrotas temporales es una experiencia común antes de alcanzar grandes logros. La reacción natural a las dificultades es rendirse, pero quienes persisten a pesar de estos desafíos son los que eventualmente logran sus objetivos.

El poder de seguir adelante frente al desánimo es una fuerza sutil pero poderosa que nos impulsa a perseverar. La perseverancia, la dedicación constante y la capacidad de mantener el entusiasmo incluso en medio de la adversidad, son las cualidades que definen a quienes logran el éxito. La habilidad de persistir a pesar de los obstáculos y desafíos es el verdadero secreto detrás de los logros más grandes y duraderos. Este impulso continuo, que nos lleva a superar las barreras, es lo que finalmente nos permite alcanzar nuestras metas más ambiciosas y significativas.

Capítulo 14: Una nueva vida, una nueva tú

"Lo que haces marca la diferencia, y tienes que decidir qué tipo de diferencia quieres marcar".

Jane Goodall

Cada transformación personal es un viaje de redescubrimiento y valentía, y para todas las mujeres que están dispuestas a comenzar de nuevo, el primer paso clave es aceptar que el pasado no nos define. Las experiencias de abandono, rechazo y dolor que hayas vivido no son culpables de tu presente. Estas vivencias, aunque dolorosas, son el resultado de no haber conocido tu verdadero ser en esos momentos. Entender que el pasado no te define es el primer y vital paso hacia tu empoderamiento.

Es esencial que no permitas que las opiniones o acciones de otros te manipulen o engañen. La verdadera capacidad para cambiar tu vida radica en el amor y el valor que te ofreces a ti misma, no en cómo otros te valoran. Las decisiones tomadas por otros no estaban destinadas para ti. En mi experiencia personal, el amor divino ha sido mi guía constante, mostrándome que no era un error y ayudándome a descubrir mi verdadero valor y propósito.

Aceptar y valorar tu singularidad es esencial en esta transformación. A menudo, como mujeres, buscamos mejorar a través de cambios externos en lugar de descubrir y abrazar el tesoro que reside en nuestro interior. Las cualidades que a menudo consideramos debilidades, como la empatía y la sensibilidad, son en realidad fortalezas poderosas. Estas cualidades pueden ser malinterpretadas por aquellos que no están listos para recibirlas, pero son esenciales para tu crecimiento y autenticidad.

179

Es importante que comprendas que tu voz y tus pensamientos tienen un valor inmenso. No permitas que el miedo al juicio de los demás te haga permanecer en silencio. Lo que tienes que decir es importante, y tu perspectiva tiene el poder de transformar tu vida y la de quienes te rodean. Amarte a ti misma y reconocer el valor de tus pensamientos y opiniones es fundamental para tu crecimiento personal y para empoderarte en cualquier situación.

Este capítulo es una invitación a celebrar tu transformación personal y a abrazar tu nueva vida con audacia y belleza. Reconoce tu valor, confía en tu propósito y permite que tu voz y tu historia iluminen el camino hacia un futuro lleno de posibilidades. Tu valentía para empezar de nuevo es el testimonio más poderoso de tu capacidad para crear una vida rica, satisfactoria y auténtica.

"Cada día es una oportunidad para avanzar el Reino desde tu identidad en Dios, vivir con pasión y dejar que tu luz interior brille."

Ingrid Estrada

Reflexión sobre la identidad y el crecimiento personal

Primero, quiero felicitarte por tu valentía al enfrentar y transformar tu vida. Esto demuestra que reconoces el gran potencial que llevas dentro y que estás dispuesta a trabajar en él. Identificar y superar pensamientos limitantes es un proceso vital, aunque a menudo es visto como desafiante.

1. Superando la manipulación y reclamando tu identidad. En mi experiencia, me di cuenta de que complacer a los demás no traía felicidad y solo me alejaba de lo que realmente quería. Este descubrimiento me ha llevado a entender que mi bienestar y felicidad deben ser mi prioridad.

2. Ser una pionera para ti misma y para otros. Al descubrir lo que realmente deseo, me he convertido en una pionera, abriendo caminos no solo para mí, sino también para mis hijas y otras mujeres que buscan alinear sus vidas con sus verdaderos deseos. Al compartir mi historia, te animo a que también descubras lo que quieres y a que te enfoques en ello. Esto te traerá felicidad porque estarás actuando de acuerdo a tus verdaderos deseos y no a lo que los demás esperan de ti.

3. El poder de emprender basado en tus pasiones. Encontrar tu pasión puede ser la clave para construir un negocio exitoso. Si tus pasiones te llevan a emprender, este negocio será tuyo, y podrás gestionarlo de manera efectiva. Si aprendes a manejar las pequeñas cosas bien, podrás aplicar ese mismo enfoque a las grandes decisiones. La claridad en lo que quieres y en cómo manejar tus emociones te permitirá crear un negocio lleno de riqueza, no solo monetaria, sino también en términos de relaciones y comunicación.

4. La facilidad de emprender con claridad. Hoy en día, es más fácil emprender que nunca, pero esto no significa que sea sencillo. La clave está en conocer bien quién eres, valorar lo que haces y entender tu misión. La perseverancia y el enfoque en lo que realmente importa te ayudarán a superar los desafíos. Si has invertido tanta energía en algo que no te ha llevado a ninguna parte, considera redirigir esa energía hacia algo que te aporte verdadero valor y satisfacción.

5. La importancia de manejar las finanzas y la comunicación. Un aspecto clave que he aprendido es la importancia de manejar las

finanzas adecuadamente. Los problemas financieros siempre son una causa de conflicto en las relaciones, y es esencial tener un buen control en este aspecto para evitar disputas. Además, una comunicación efectiva es vital en todas las relaciones: familiares, profesionales y personales.

Recuerda, tienes dentro de ti la capacidad de lograr grandes cosas. Conocerte a ti mismo, entender tus deseos y manejar tus recursos de manera efectiva son pasos fundamentales para alcanzar tus metas y construir un legado positivo para ti y tus futuras generaciones.

Reflexión sobre la creatividad y la ejecución de visiones

Sé que la tecnología permite registrar todo en la computadora, pero personalmente, prefiero el proceso más tradicional. Para mí, ver y escribir las cosas a mano trae una sensación más personal y tangible. Hay algo especial en plasmar tus ideas en papel, que hace que tu visión se sienta más real y auténtica.

1. La importancia de la visión personal. Escribir tus ideas a mano te permite tener una conexión más profunda con tu visión. Este proceso puede hacer que tu proyecto se sienta más tuyo y te ayuda a visualizar con claridad lo que deseas lograr. Tu visión no solo es un sueño; es algo que puedes traer a la realidad con esfuerzo y determinación.

2. Amarte a ti misma como base para el éxito. Todo comienza con amarte a ti misma y reconocer que dentro de ti hay un potencial aún mayor. No basta con soñar; es relevante transformar esos sueños en realidad. La primera etapa es conocerte a ti misma, identificar lo que realmente quieres y no quieres. Este autoconocimiento te permitirá desarrollar la creatividad necesaria para llevar a cabo tu visión.

3. Crear y ejecutar. Una vez que tienes claridad sobre tus deseos y objetivos, puedes comenzar a crear. La creatividad se alimenta del entendimiento profundo de lo que quieres alcanzar. No subestimes

tu capacidad para ejecutar y producir lo que está destinado para ti y tu familia a través de tu negocio. La creatividad y la ejecución van de la mano: al amarte a ti misma y tener una visión clara, puedes transformar tus ideas en acciones concretas.

Recuerda, todas tenemos la habilidad de crear y llevar a cabo nuestras visiones. El primer paso es amarte y conocer tus verdaderos deseos. Con esta base, podrás transformar tus sueños en realidades tangibles, crecer tu negocio y construir algo significativo para ti y tu familia.

¿Sabes cuál es tu propósito de vida?

El concepto de propósito en la vida, conocido en japonés como "ikigai", abarca una profunda filosofía que combina la esencia de la vida con la realización personal. Este término, que se remonta a tiempos ancestrales en Japón durante el período Heian (siglos VIII al XII), originalmente derivaba de "kai", un tipo de concha muy valorada en ese entonces. Con el tiempo, "ikigai" evolucionó para simbolizar el valor y la razón de nuestra existencia.

La sabiduría ancestral japonesa sostiene que cada individuo tiene un "ikigai", un propósito profundo que da sentido a la vida y nos impulsa a levantarnos con motivación cada mañana. Encontrar este propósito no siempre es sencillo; puede ser un viaje largo y lleno de introspección. Sin embargo, una vez descubierto, este proporciona una inmensa satisfacción y una claridad interna que transforma nuestra percepción de la vida. Aunque este propósito no siempre se manifiesta en grandes gestos o logros, es fundamental tenerlo presente en nuestra vida diaria para vivir con plenitud.

La filosofía japonesa subraya que las pequeñas acciones diarias contribuyen significativamente a una vida plena. Estas pequeñas alegrías acumuladas se suman para crear una existencia rica en satisfacción. El "ikigai" está estrechamente relacionado con la felicidad y nos proporciona la resiliencia necesaria para enfrentar el futuro, incluso cuando los tiempos son difíciles. Aquellos que descubren su propósito a menudo encuentran la fuerza para superar las adversidades con renovada vitalidad.

Este concepto no es estático; puede evolucionar a medida que cambiamos. Definir tu "ikigai" a los 40 años puede ser diferente a hacerlo a los 80, ya que la experiencia y los valores personales tienden a enriquecerse con el tiempo. En el mundo moderno, el "ikigai" se puede entender como la intersección de cuatro aspectos esenciales: lo que amas, lo que haces bien, lo que el mundo necesita y lo que te permite ganar dinero. Aunque el trabajo no siempre es un elemento indispensable en esta ecuación, en la vida contemporánea sigue siendo un factor relevante.

Un estudio significativo realizado en Japón en 2008 reveló que las personas con un claro sentido de "ikigai" vivían más tiempo y tenían un menor riesgo de enfermedades cardiovasculares y otras causas de muerte. Investigaciones posteriores, como las realizadas por la Universidad Médica de Wight, confirmaron estos hallazgos, subrayando la importancia de tener un propósito claro en la vida.

En la actualidad, en Japón se observa una creciente tendencia a desvincular el trabajo del "ikigai". En una encuesta de 2010, solo el 31% de las personas vinculaban ambos conceptos. Además, cerca del 25% de los trabajadores japoneses realizan más de 80 horas extras al mes, lo que puede tener graves consecuencias, como el fenómeno conocido como "karoshi", que se refiere a la muerte por exceso de trabajo. En contraste, en la isla de Okinawa, un pequeño pueblo se destaca por tener una alta concentración de personas centenarias, lo que demuestra cómo la búsqueda y vivencia de un propósito puede enriquecer y prolongar la vida.

La vida plena no es un concepto abstracto, sino una realidad que todos podemos alcanzar si somos capaces de identificar aquello que nos motiva a levantarnos cada día con entusiasmo. En la cultura japonesa, el término "ikigai" arropa esta idea de encontrar un propósito profundo, un motivo vital que da sentido a nuestra existencia.

¿Cuándo aparece el Ikigai?

Al observar a personas que han vivido largas y satisfactorias vidas, encontramos ciertos hábitos y costumbres que parecen ser clave en su bienestar. Estas personas, muchas veces residentes de pequeñas comunidades rurales, tienden a cultivar sus propios alimentos, lo que no solo les proporciona una fuente de nutrición, sino también una conexión más profunda con la naturaleza. Su alimentación, basada en cereales integrales, verduras frescas, legumbres y pescado, les ofrece una base sólida para su salud. Sin embargo, más allá de la dieta, lo que destaca es su enfoque en una vida equilibrada y sin prisas, donde cada día es una oportunidad para disfrutar de la simplicidad y la calma.

Uno de los aspectos más complejos de esta búsqueda del "ikigai" es que no siempre se revela de manera inmediata. Para algunos, descubrir su propósito es un proceso largo que puede tomar años, mientras que otros lo encuentran en un momento de claridad repentina. En cualquiera de los casos, este viaje implica aprender a conectar los puntos entre nuestro presente y futuro, confiando en nuestra intuición para guiarnos hacia lo que verdaderamente nos hace sentir completos. Es importante seguir aquello que apasiona a nuestro corazón, incluso si a veces parece un camino incierto.

El desafío de encontrar tu "ikigai" radica en la capacidad de enfrentarte a ti mismo y a los obstáculos internos que puedan surgir. Este proceso requiere dedicación, paciencia y, a menudo, la superación de barreras emocionales o mentales. No todos los momentos de la vida son iguales, y cada etapa trae consigo sus propios desafíos, por lo que es esencial descubrir cuándo y cómo crear el ambiente adecuado para profundizar en esta búsqueda.

Una manera efectiva de comenzar este viaje hacia tu propósito es reflexionar sobre algunas preguntas clave: ¿Qué actividades te llenan de energía y satisfacción? ¿Cómo puedes contribuir al bienestar del mundo que te rodea? ¿En qué aspectos sientes que tienes talento o habilidad natural? ¿Es posible que estas habilidades también te proporcionen una forma de sustento? Al responder a estas preguntas, podrás descubrir puntos en común que te lleven hacia una visión más clara de lo que podrías estar destinado a hacer.

El "ikigai" también se puede explorar a través de un ejercicio introspectivo que consiste en elaborar listas que reflejen tus valores, tus pasiones y tus habilidades. La intersección de estos tres elementos puede brindarte una visión más profunda de tu propósito. Sin embargo, encontrarlo no es suficiente; es esencial actuar, dar los pasos necesarios para integrar tu propósito en cada aspecto de tu vida diaria.

Contrario a lo que muchos piensan, el "ikigai" no es un concepto elevado o inalcanzable. Más bien, se trata de algo concreto y simple, algo que puede estar justo frente a ti, esperando ser reconocido. Analiza lo que tienes a tu alrededor, porque a veces el propósito de vida se manifiesta en las cosas más pequeñas y cotidianas. No es necesario buscar una meta grandiosa para sentir que tu vida tiene significado; a menudo, el sentido de nuestra existencia se encuentra en los detalles más humildes.

Nunca se debe perder el foco

No es inusual sentirte perdido en algún momento de la vida, sin saber exactamente qué dirección tomar. Pero no debes dejar que esto te cause ansiedad. La clave está en avanzar poco a poco, confiando en que, con el tiempo, tu propósito se revelará de manera natural.

Cuando finalmente lo descubras, te darás cuenta de que todo el camino recorrido habrá valido la pena, no solo por el destino alcanzado, sino también por las habilidades que habrás desarrollado, las personas maravillosas que habrás conocido y las experiencias valiosas que habrás acumulado.

Un elemento esencial del "ikigai" es su conexión con los demás. No se trata únicamente de realizarte a ti mismo, sino de encontrar formas de servir a tu comunidad, de dar sin esperar nada a cambio. Este sentido de generosidad y contribución es lo que enriquece profundamente nuestra vida, ya que nos permite ser parte de algo mucho más grande que nosotros mismos. El "ikigai" es un viaje de autodescubrimiento que nos ayuda a comprender en qué somos buenos, qué nos apasiona y cómo podemos impactar positivamente en el mundo que nos rodea.

Algunos principios clave para vivir de acuerdo con tu "ikigai" incluyen mantenerte activo, disfrutando de cada día sin la urgencia de retirarte del todo, y saboreando los pequeños placeres sin apresurarte. Es esencial comer con moderación, no solo para cuidar la salud, sino también para cultivar la disciplina y el equilibrio. Rodéate de amigos sinceros que te apoyen en este camino, ya que las relaciones humanas son una fuente invaluable de felicidad. Fijar pequeños objetivos y alcanzarlos uno a uno te permitirá avanzar con firmeza hacia tu propósito, mientras que una sonrisa sincera, tanto hacia ti mismo como hacia los demás, abrirá puertas y conectará tu espíritu con las oportunidades que ofrece la vida.

Reconectar con la naturaleza también es vital, ya que ella nos enseña a encontrar equilibrio y armonía. Estos principios no solo te ayudarán a encontrar tu "ikigai", sino que también te ofrecerán una vida más rica y significativa en cada uno de sus aspectos.

Descubriendo mi ikigai en el Reino de Dios

Mi introducción al concepto de ikigai llegó gracias a Alex y Carlos de Consul Experience, pero lo que realmente ha transformado mi vida ha sido el evangelio del Reino. Descubrir mi identidad en Dios me permitió entender mi propósito en la tierra de una manera profunda y liberadora. Comprendí que soy Su hija y que, como tal, tengo una herencia real que me otorga el derecho y la responsabilidad de caminar con autoridad y amor en este mundo.

Una de las lecciones más significativas que he aprendido es que Dios no está enojado conmigo. Por el contrario, Él se deleita en quien soy, no por lo que hago, sino simplemente porque soy Su hija. Esta verdad me la enseñó mi mentor Dubb Alexander, fundador de la School of Kingdom. Él me ayudó a reconocer que no soy una huérfana, sino una hija amada con un propósito y un llamado específico.

Este entendimiento me ha dado libertad y confianza para vivir sin límites. Saber que Dios tiene placer en mí me ha permitido abrazar con valentía la misión que me ha sido asignada. No importa cuán grandes o desafiantes sean las tareas, sé que puedo lograrlas porque Su Espíritu vive en mí. Este conocimiento me impulsa a caminar en fe, con la certeza de que tengo una solución para cada asignación que Él me encomienda.

Un versículo que define mi camino es:

"Pero buscad primero su reino y su justicia, y todas estas cosas os serán añadidas."

Mateo 6:33

Esta promesa me guía en cada paso, recordándome que cuando priorizo Su Reino, todo lo demás encaja en su lugar. Desde este entendimiento, he podido hacer cosas que antes me parecían imposibles.

Todo esto lo aprendí de Dubb Alexander. Es su contenido, pero también es cómo vivo mi vida. El Reino es la extensión del corazón y la autoridad de Dios desde el cielo hacia la tierra a través de ti. Es la intención original de la humanidad, como se refleja en Génesis 1:26. Es como si escucháramos una conversación a escondidas entre la Trinidad: "Creamos a la humanidad a nuestra luz e imagen, y dejémosle tener dominio".

El Reino es la intención original en ti. El amor es la razón por la que existimos. Existimos para recibir el amor de Dios, amarlo a Él y vivir eternamente en una relación recíproca de amor. El propósito de nuestra existencia es extender el dominio de nuestra Familia Real hacia nuevos territorios en la Tierra.

Origen, identidad, propósito y destino. Debemos tener claridad para comunicar quiénes somos y a qué hemos sido llamados. Cuando sabes de dónde vienes, quién eres, qué aportas y cuál es tu destino, puedes vivir plenamente comprometido con tu propósito desde un lugar de identidad.

Todo comienza con saber que vienes del corazón de un Padre celestial bueno, bondadoso y amoroso. Ese es el punto de partida de toda teología. Es legal en el Reino reclamar la plenitud de lo que estás llamado a ser en el presente, porque solo te estás convirtiendo en lo que ya eras en Él desde antes de la fundación del mundo. Un manzano es un manzano antes de dar su primer fruto.

Hablar en fe. Debes comenzar a hablar en primera persona acerca de aquello en lo que te estás convirtiendo, incluso antes de que se manifieste por completo. Cuando hablas de las cosas que no son como si fueran, atraes la gloria del futuro al presente.

Una declaración significa dar a conocer algo; un decreto es ordenar un resultado. Una declaración refleja autoridad; un decreto ejerce poder. En el Reino, todo se activa con la voz. Cuando declaras quién eres y el propósito para el cual fuiste creada, el destino comienza a moverse hacia ti, porque tu voz te identifica.

Identidad y propósito. Eres una hija amada. Eres una Reina Real. Somos ciudadanas del cielo y embajadoras de Cristo. Tu identidad surge de tu origen, tu propósito se enfoca en lo que aportas, y tu destino es ser una bendición para todas las naciones.

Dios nos creó para experimentar Su amor, amarlo a Él y vivir para siempre en una relación recíproca y familiar. Nuestro propósito es ejercer dominio, representando Su corazón y Su autoridad desde el cielo en la tierra.

Como hija de Dios, estás destinada a administrar recursos que te rodeen de forma natural, para manifestar los deseos de tu corazón. También estás llamada a gestionar sistemas financieros y económicos que sirvan a tu propósito.

Estas son las piezas de la intención original: ser la expresión del corazón y la autoridad de Dios, llevando lo invisible del Reino a lo visible en este mundo.

Para finalizar

Otra enseñanza clave que recibí de Dubb Alexander es sobre el Reino del corazón y la autoridad de Dios. Este Reino no es algo que simplemente observamos; es el poder de lo invisible (el cielo) manifestándose en lo visible (la tierra) a través de cada uno de nosotros. Todo lo que necesitamos ya está en nosotros, esperando ser descubierto para co-crear con Dios.

Este entendimiento ha redefinido lo que significa para mí el ikigai. No es solo encontrar un propósito que me dé alegría, sino alinear ese propósito con el Reino de Dios. Es vivir de acuerdo con mi identidad divina, confiando en que Él ya ha depositado en mí todo lo necesario para cumplir Su voluntad.

Vivir con esta perspectiva ha sido transformador. Me ha permitido enfrentar desafíos con una mentalidad de victoria, sabiendo que no camino sola. Este es mi ikigai: cumplir mi asignación divina con pasión, excelencia y la certeza de que todo lo hago en Su nombre y para Su gloria.

Conclusiones

A lo largo de "*La travesía hacia tu verdadero ser*", hemos explorado juntas un recorrido profundo hacia el autoconocimiento, el perdón, y la autenticidad. Cada capítulo de este libro ha sido diseñado para ayudarte a caminar con mayor claridad, valentía y determinación en tu propia travesía. Este viaje no es sencillo ni exento de desafíos, pero te aseguro que es el camino más gratificante hacia una vida plena y llena de propósito.

Al comenzar, te invitaba a enfrentar las heridas y los miedos que han sido parte de tu historia. A lo largo de los capítulos, te he mostrado que las cicatrices que has acumulado no son señales de debilidad, sino de fortaleza. Esas heridas, aunque dolorosas, han sido las que te han enseñado las lecciones más valiosas de tu vida. Ahora, en este punto final, quiero que mires atrás con gratitud, sabiendo que todo lo que has vivido te ha llevado a ser la mujer fuerte y sabia que eres hoy.

La estructura del libro ha sido diseñada para acompañarte en cada etapa del proceso: desde desafiar el estancamiento en tu vida hasta aprender a crear relaciones saludables y alcanzar una vida abundante. Cada capítulo te ha ofrecido herramientas, reflexiones y estrategias prácticas para superar los obstáculos que se hayan podido presentar en tu existencia, para que, paso a paso, pudieras reconstruir tu vida desde los cimientos, con un corazón sanado y una mente renovada.

Uno de los elementos clave que he querido compartir contigo a lo largo de este viaje es la importancia de comprender tu verdadera identidad. Muchas veces, como mujeres, hemos sido condicionadas a basar nuestro valor en lo que los demás piensan de nosotras, en las expectativas sociales o en los roles que se nos han asignado. Sin embargo, a través de este proceso, quiero que descubras que tu valor no depende de nada externo. Eres valiosa por lo que eres, por ser hija de Dios, por ser única, por tener un propósito que nadie más puede cumplir. Mi mentor, Joaquin Andujo, me enseñó algo que transformó mi vida: "El hombre no nos empodera, ya somos poderosas. Porque Cristo redimió la imagen y semejanza de la mujer, ya estamos en la posición adecuada". Esta poderosa enseñanza me ayudó a abrazar mi identidad como hija y reina aquí en la tierra. Al comprenderlo, pude liberar mi mente de las limitaciones que otros habían puesto sobre mí y empezar a caminar en la verdad de quién realmente soy.

Lo que quiero que retengas de este libro es que no tienes que esperar a que las circunstancias cambien para ser la mujer que siempre has soñado ser. La verdadera transformación comienza desde adentro. Con cada paso que das hacia la autenticidad, te acercas más a esa mujer plena y libre que siempre ha estado dentro de ti. Sé que este camino no es fácil y que habrá momentos de dolor y frustración, pero también sé que la fe en ti misma, el amor de Dios y el perdón te darán la fortaleza para seguir adelante.

Es fundamental recordar que, a pesar de las dificultades que podamos enfrentar, no estamos solas. La comunidad, el apoyo mutuo y el reconocimiento de nuestra identidad en Dios son pilares fundamentales en este viaje. El amor incondicional de Dios es la fuerza que nos impulsa, y ese amor nos capacita para vivir una vida llena de fe, abundancia y propósito.

Recuerda siempre que no se trata de ser perfecta, sino de ser auténtica. El valor real de tu vida no está en lo que logras, sino en la forma en que te amas y te respetas a ti misma. Si te atreves a caminar con fe y confianza en quién eres y en lo que eres capaz de lograr, verás que no hay límites para lo que puedes alcanzar.

Te animo a que sigas en este camino de autodescubrimiento, sanación y empoderamiento. La travesía hacia tu verdadero ser no termina aquí; este es solo el comienzo de una nueva etapa, una etapa donde te permites vivir plenamente, amarte y honrar tu propósito con valentía. Porque, al final del día, lo más importante es que sabes que eres suficiente, eres amada y eres capaz de vivir la vida que te mereces.

Mi deseo más profundo es que este libro haya sido una guía, pero sobre todo, una fuente de inspiración para que sigas adelante, con la certeza de que dentro de ti existe una fuerza que no tiene límites. Recuerda que no solo eres una hija, eres una reina, y el Reino de Dios está en ti. Que ese sea el faro que guíe tu vida, hoy y siempre.

Ingrid J. Estrada

Ingrid J. Estrada es una estratega en identidad, coach transformacional y asesora profética empresarial. Apasionada por ayudar a las mujeres a encontrar su verdadero valor y propósito, Ingrid dedica su vida a activar en ellas una conciencia profunda de su poder interior, guiándolas a reconocer sus fortalezas y su propósito divino. Con una sensibilidad única para ver más allá de las apariencias, trabaja para que cada mujer camine con confianza y dignidad, como "reina en su reino".

Ingrid es una orgullosa madre de dos hijas y un hijo, así como una "Mimi" (abuelita) para una hermosa nieta y un bello nieto. Su experiencia personal y profesional la ha llevado a entender la importancia de la resiliencia y la perseverancia, cualidades que le han permitido superar obstáculos y construir una vida plena y significativa. Su trayectoria demuestra que, incluso frente a grandes desafíos, es posible transformar las adversidades en oportunidades de crecimiento.

Además, Ingrid es asesora profética en Profetas del Reino, una organización dedicada a compartir la Revelación del Reino de Dios y a guiar a los emprendedores a través de enseñanzas y estrategias basadas en principios espirituales. Como asesora empresarial, combina sus conocimientos empresariales con una perspectiva profética, ofreciendo consejos prácticos y orientación espiritual a empresarios y propietarios de negocios.

Ingrid también es la fundadora del programa "Latino-Americanos Rompiendo Barreras", un espacio de inspiración en Facebook que presenta entrevistas con empresarios, artistas, músicos y parejas poderosas de habla hispana. Este programa tiene el propósito de animar a otros a enfrentar sus propios desafíos con valentía y a creer que, sin importar las circunstancias, todo es posible.

Con certificación en el programa de coaching 100X, Ingrid capacita a empresarios del reino, ayudándoles a alcanzar sus sueños con claridad y enfoque. Ofrece asesoramiento personalizado, basado en la identificación y potenciación de sus talentos, impulsándolos a prosperar y a alcanzar sus metas.

A través de su amor, sabiduría y experiencia, Ingrid se convierte en una amiga y mentora para aquellos que buscan no solo éxito, sino una vida llena de propósito y autenticidad.

Made in United States
Orlando, FL
20 December 2024

56205936R00114